埃隆·马斯克

脑机接口与人类永生

[日]滨田和幸◎著

孙　律◎译

浙江人民出版社

图书在版编目（CIP）数据

埃隆·马斯克：脑机接口与人类永生 /（日）滨田
和幸著；孙律译. — 杭州：浙江人民出版社，2023.7
ISBN 978-7-213-10986-7

Ⅰ. ①埃… Ⅱ. ①滨… ②孙… Ⅲ. ①埃隆·马斯克
－传记②信息经济－研究 Ⅳ. ①K837.115.38②F49

中国国家版本馆 CIP 数据核字（2023）第 090965 号

浙江省版权局
著作权合同登记章
图字：11-2022-449号

埃隆·马斯克：脑机接口与人类永生
AILONG MASIKE: NAOJI JIEKOU YU RENLEI YONGSHENG
[日]滨田和幸　著　孙　律　译

出版发行：浙江人民出版社（杭州市体育场路 347 号　邮编：310006）
　　　　　市场部电话：（0571）85061682　85176516

责任编辑：潘海林　　　　　　　　　特约编辑：陈世明
营销编辑：陈雯怡　张紫懿　陈芊如　责任校对：何培玉
责任印务：幸天骄　　　　　　　　　封面设计：末末美书
电脑制版：北京之江文化传媒有限公司
印　　刷：杭州丰源印刷有限公司
开　　本：880 毫米 ×1230 毫米　1/32　　印　　张：6.25
字　　数：85 千字
版　　次：2023 年 7 月第 1 版　　　　印　　次：2023 年 7 月第 1 次印刷
书　　号：ISBN 978-7-213-10986-7
定　　价：58.00 元

如发现印装质量问题，影响阅读，请与市场部联系调换。

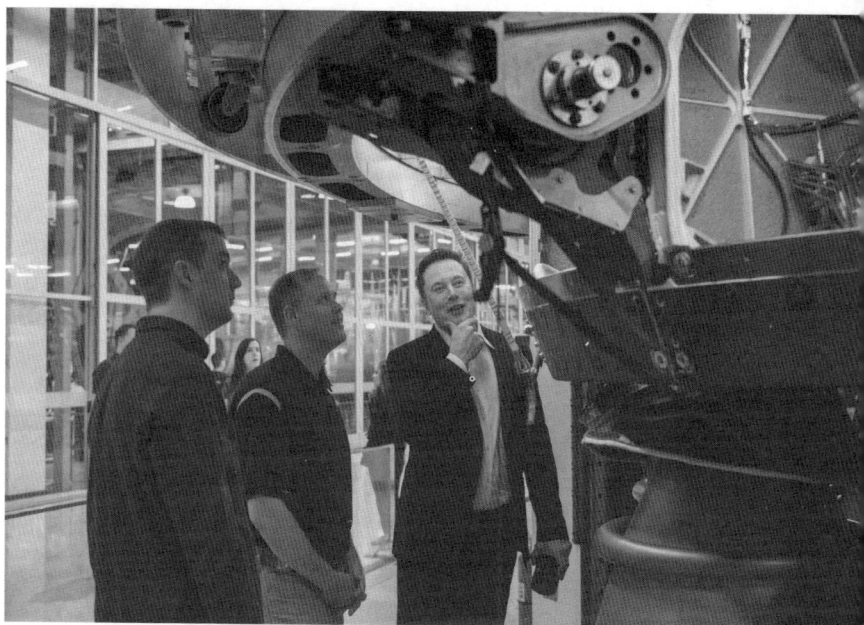

　　2019年10月10日，美国加利福尼亚州霍桑，美国国家航空航天局
（NASA）局长吉姆·布里登斯汀（Jim Bridenstine）在参观SpaceX（太
空探索技术公司）位于当地的总部时与埃隆·马斯克（Elon Musk）一
同接受媒体采访。

2020年8月28日，美国加利福尼亚州弗里蒙特，埃隆·马斯克旗下的脑机接口公司Neuralink举行发布会，展示了最新的可穿戴设备和手术机器人，并通过现场的三只小猪和实时神经元活动演示，展示了Neuralink脑机接口技术的实际应用过程。

　　2020年12月1日，德国柏林，埃隆·马斯克荣获阿克塞尔·斯普林格奖并到场领奖。阿克塞尔·斯普林格奖每年颁发给那些极具创新精神、创造新市场和优化旧市场、塑造文化和重视社会责任的杰出个人。

资料来源：视觉中国

2022年5月2日，美国纽约，埃隆·马斯克和母亲梅耶·马斯克（Maye Musk）抵达纽约大都会艺术博物馆参加2022年大都会艺术节。

推荐序
马斯克：技术之王

科技产业向来不缺少偶像般的人物，在过去30多年的信息互联网产业中，我们见识过拉里·埃里森（Larry Ellison）、比尔·盖茨（Bill Gates）、史蒂夫·乔布斯（Steve Jobs）、杰夫·贝佐斯（Jeff Bezos）、马克·扎克伯格（Mark Zuckerberg）等超级巨星般的企业创始人。马斯克是最早的互联网企业家之一，是所谓"Paypal创业黑帮"的一员，但现在，他以张扬的个人风格、惊艳的技术成就和巨大的商业成功成为科技产业未来想象力的最新代表。

滨田和幸的这本关于马斯克的传记特别关注他在脑机接口与人工智能方面的创业历程，马斯克在这两项上的确在近期均有极大的进展。2022年12月2日，马斯克在自己创办的脑机接口公司Neuralink的发布会上宣布，在人体测试开始后，他将在自己的大脑中植入脑机接口设备。几天后，马斯克的另一家人工智能公司OpenAI的技术产品则引爆互联网，推出一个人工智能聊天机器人ChatGPT，短短数日用户突破100万人。这也被视为人工智能技术与应用的一大突破。它智能到什么程度呢？我们可以写几句话给它提要求，然后它可以按我们的要求生成商业计划书、调试代码中的 bug （漏洞）并修改、撰写产品发布文档。它写的诗歌、故事也不错，如果不仔细看，我们是无法分辨这是人写的还是机器自动生成的。

马斯克近期又处在极度的风口浪尖之上，这源于他大概一时兴起收购了社交网络公司推特（Twitter）。这个过程很像一部节奏快速、高潮迭起的连续剧，整个互联网产业界可以说都在追剧。马斯克在推特上现在拥有惊人的1.2亿粉丝，这或许是他作为一个忠实用户想要拥有这家公司的缘起。他先是宣称要收购，然后退却，再被告上法庭，最后不得不以440亿美元买下推特。人们嘲笑他以10倍的高价买下了一个玩具。作为世界首富的马斯克并不是一本正经地接管推特，2022年10月26日，他一大早搬着一个卫生间洗脸水槽摇摇晃晃来到推特总部，并立马解雇一众高管。

人们本以为这是一个极具戏剧性的商业故事，但这只是第一集。接下来，马斯克公开展示他不接受任何规则约束的一面。当然，值得注意的是，这部剧还在进展中，无人知道他的这些夸张做法的最终结果。他解雇了推特一半的员工，然后又吓走了剩下一半中的一半程序员，因为他提出了完全不合软件开发常规的要求，比如提出完全无视复杂度、"马上给我做出来"的产品需求，又比如他要求程序员们每周用邮件提交代码以供评估。他带着来自特斯拉汽车的工程师团队检视推特代码。如果把推特看成一架飞机的话，他相当于把飞机的零件全拆出来，一个个问"有用吗"，没用的话立刻去掉，但偶尔又会发现有的零件有用又赶紧把它捡回来。关键是，这架飞机还在飞行，并经历着2022年卡特尔世界杯巨大流量的冲击。

当然，推特并不是马斯克的主战场，他迄今为止的主要技术与商业成就其实还是在电动汽车公司特斯拉与航天公司SpaceX。在那里，他更是无视所有的既有规则。

2021年底，马斯克将自己在特斯拉汽车的职位改了个名字，他变成了"Techno King"（Techno是一种电子音乐流派，他自称是"电音之王"）。此时，特斯拉已经从探索性的电动汽车先锋跃变为汽车产业巨头，马斯克也已经是新的世界首富。人们将他这种改职位名称的做法当成他开的一个玩笑，他或许以这样的方式表示自己不想被任何常规束缚。

虽然马斯克并非特斯拉汽车最初的创始人，但他在技术、制造、商业上推动了特斯拉以及整个电动汽车产业的巨大成功：特斯拉超级工厂是继丰田生产方式之后的巨变。特斯拉最新季报（2022年第三季度）则显示，其季度利润在丰田、通用汽车之后，位列第三。他更向外界开源了特斯拉的电动汽车技术，惠及每一家电动汽车公司。经常被说起的一个小细节是，马斯克不是一个普通的首席执行官（CEO），2018年为了加大特斯拉产能，他睡在工厂车间里。另外，最近他又睡在推特办公室里。

人们通常将马斯克的成功公式归结成所谓"第一性原理"，即将一个复杂事物拆解到最基础的组成部分，然后再从最基本的组成部分往上推导，而不是与其他人现有的做法进行横向比较。马斯克一再提及这个量子物理学的原则，他在SpaceX中的做法与成就是第一性原理的体现，他是这家航天公司的创始人、首席执行官和首席工程师。他将火箭拆解到最基本的组成部分，然后重构它。比如，他估算发现美国国家航空航天局的火箭的制造成本仅为总成本的2%，因此，他拆解火箭，试图将总成本逼近2%。又比如，最早的猎鹰重型运载火箭不是尝试去制造与其他对手比更强大的发动机，而是采用27台相对便宜的、已有的梅林发动机来提供推动力。

马斯克在对推特的软件大动干戈的时候，也可能在应用这种法则。他根本不管现状是什么或别人是怎么做的，而是拆解到最基本的组件。他问的是，推特的软件代码架构应该由什么组成。马斯克星链计划也可能是这种思路的延续：如何构建一个新的全球通信网呢？他不管其他全球通信网是怎么做的，他直接去利用SpaceX的航天实力发射了3 500颗卫星，用它们作为网络节点，在地球四周建立了新的通信网。

如你所见，马斯克是一个无法以常理理解的疯狂天才，任何既定的规则都无法束缚他。我们会被他表面上夸张的戏剧性吸引，他有着飞向火星的梦想、发出惊人的"我要死在火星上"的宣言，他在社交网络和媒体聚光灯下进行各种搞笑操作。但毫无疑问他是我们这个时代的技术之王，而打破一切既定规则的做法让他在电动汽车、航天、人工智能等领域有着惊人的成就。他还因为在航天工程方面的成就入选为美国工程院院士。

现在，马斯克的传奇还在继续，有的已经改变人们的生活，有的可能在未来带来改变。我们或多或少都读过不少马斯克的传记或故事，但我们可以一直看下去。相信你可以通过滨田和幸的这本书看到日本科技界对马斯克的独特解读，对这个当世最疯狂的技术创造者多一个观察视角。

方军

"中国好书"获得者

数字经济研究者

著有《元宇宙超入门》等

目　录

目 录

前　言

　　2021年，一则视频引爆全球，观众无不为之震惊，互联网行业巨头微软（Microsoft）、谷歌（Google）、苹果（Apple）、脸书（Facebook）、亚马逊（Amazon）更是不寒而栗。

　　这则视频记录的是一只猴子对着显示器玩游戏的场景。倘若仅是如此，放在今日也不足为奇。然而，视频中的猴子无须借助游戏摇杆便可移动显示器里的光标。其中秘密在于，猴子脑中植入了可与电脑联网的设备，仅凭脑电波就能玩游戏，完全不必动手。

对于一个创业不久的人来说，短短数年竟能掌握如此先进的身联网（Internet of Bodies，简称IoB）技术？

这位令无数互联网巨头惊叹的男子正是埃隆·马斯克。作为企业家，马斯克引领特斯拉和SpaceX（太空探索技术公司）的研发。近日，福布斯公布美国2022年度400富豪榜，榜单显示马斯克的身价以2 510亿美元排名第一，力压亚马逊创始人杰夫·贝佐斯。

脑机接口公司Neuralink也是马斯克创办的企业之一，这则猴子玩游戏的视频便是由该公司在YouTube（优兔）的官方账号于2021年4月9日发布的。

关于Neuralink和该视频的故事，读者可以阅读本书第1章，此处有必要对身联网略作说明。

　　与身联网意思相近的物联网（Internet of Things，简称IoT）已被世人津津乐道。顾名思义，物联网就是通过物体联网来传输数据，识别、检测、控制、远程操作等功能均通过物体实现。

　　物联网已经融入我们的日常生活。例如，人们通过操作手机就能开关空调、远程调节温度。再如，公交车行程及路况的实时更新也得益于物联网的检测功能。伴随此类家电及移动用户的急剧增多，各行各业不断推陈出新。2022年的物联网市场规模可以达到1万亿美元之多。

　　身联网与物联网只有一字之差。继物联网之后，身联网将成为时代主流。全球科技公司争相开拓新的领域，身联网备受瞩目。

　　身联网使人脑与人工智能（AI）相连，详见本书

第4章。马斯克挺进身联网领域，在互联网行业一马当先，猴子玩游戏的视频便是最好的证明。马斯克所创想的未来是"实现人的赛博格化"①。

本书旨在深度挖掘马斯克的思想、言行、商业模式，包括一些非公开的信息，力求还原这位创业奇才的"原貌"，以洞察他的下一个"目标"。

滨田和幸

---

① 赛博格（Cyborg），又称电子人、机械化人、改造人、生化人，即机械化有机体。（全书页下注均为编者注，后文不再说明。）——编者注

第1章

埋藏脑中的设备

▨ 什么是"脑机接口"

脑机接口公司Neuralink由马斯克于2016年7月创立。出于某种程度的保密性考虑,马斯克直到2017年3月才公布Neuralink的诞生。

在明确注资2 696万美元的同时,马斯克表示:"成立Neuralink的目的是研发脑机接口。"脑机接口是连接大脑与电脑、实现数据传输的技术产物,自然包括在脑中装嵌设备的研究。在猴子脑中嵌入装置,正是脑机接口技术付诸现实的一大跃进。

2021年4月9日，马斯克兑现了创业时的诺言："我们力争4年内研发出可以装嵌在人脑中的脑机接口，10年内实现人机对话。"基于我的采访和Neuralink公布的资料，我们不难窥探"猴子凭借脑电波玩游戏"的奥妙。

这则由Neuralink上传YouTube的视频名为《猴子意念乒乓球》（*Monkey MindPong*），全长3分29秒。标题一目了然，主角是脑中装嵌脑机接口的一只公猴，名叫佩吉（Pager），当时只有9岁。

在视频的开头，只见佩吉嘴衔吸管、手握操纵杆（游戏摇杆）。最初的游戏并不是打乒乓球，而是操作摇杆使得显示器上的光标与目标重叠。一旦成功，吸管便会输送佩吉最喜欢的香蕉汁。此时，旁白提示："为了吸到更多好喝的香蕉汁，佩吉记住了操作方法。"

装嵌于大脑皮层的设备

安装在佩吉脑中的脑机接口名为"N1 Link"。由于将芯片"装嵌"脑中，这个过程又名"大脑植入技术"，类似于牙齿治疗中的"种牙"。马斯克自己也常把"大脑植入技术"挂在嘴边，对此，我会在之后的章节再做介绍。

N1 Link可以读取和记录大脑活动，并能通过蓝牙把数据传输给电脑，只需0.025秒便可传送完毕。

具体来说，N1 Link直径为23毫米、厚度为8毫米，其大小与硬币相近，内置1 024个电极。N1 Link安装在与面部及四肢运动相关的大脑初级运动区。据说，他们是在拍摄的六周之前给佩吉的头盖骨开孔，直接将设备安装在脑中。然后，通过该设备接收源源不断的信息，解析佩吉操作摇杆时的大脑活动，从而挖掘两者的关联。

为了获取香蕉汁而操作摇杆，佩吉脑中的电极产生了变化，这被称为"脑神经细胞的放电"。随着"放电"愈演愈烈，电流不断增强，从而形成波浪形的图像，这就是"脑电波"。

N1 Link内置接收并解析"放电"的软件，该软件可以找出操作与"放电"之间的关联，进而推测佩吉会做出怎样的反应。换言之，该软件可以通过数据"解读"猴子的"意图"。

在视频播放1分35秒之后，我们可以看出摇杆其实并没有和游戏机相连。不过，这并不妨碍游戏的进行，佩吉依然可以操控显示器上的光标。尽管他仍然手握摇杆，但是光标的移动与摇杆无关。显而易见，这一切完全基于佩吉的"意图"，即大脑发出的指令。

又过了40秒，只见画面一转，佩吉开始玩起乒乓球游戏。而且，这回佩吉完全脱离摇杆，依然口衔吸管，只不过用右手托着。内置的设备解析佩吉的脑电波并且持续输出，光标由此移动，游戏顺利进行。

马斯克在推特和Clubhouse的发言

猴子凭借脑电波玩游戏的整个过程可以分解为以下几个步骤：

① 猴子（佩吉）想喝喜欢的香蕉汁。

② 猴子意识到：只要操作摇杆完成游戏，就能喝到香蕉汁。

③ 猴子一边看着显示器，一边操作摇杆。

④ 控制猴子手部动作的脑神经细胞"放电"。

⑤ 脑机接口接收"放电"并传至人工智能（解析用的电脑）。

⑥ 解析软件把"放电"与猴子的手部动作进行数据分析，挖掘两者的关联。

⑦ 猴子尝试操作的"意图"经脑机接口传至电

脑（摇杆并不可用）。

⑧ 人工智能通过数据对操作意图做出瞬间预测，并向游戏机发出移动光标的指令。

毋庸置疑，身联网是引领时代的技术。

就在视频发布的当日，马斯克于9时24分在推特发帖："Neuralink的第一件产品致力于帮助残障人士，使得他们可以通过意念操作手机，而且比那些用手指操作的人还快。"

其实，早在两个多月前，马斯克已在音频社交软件Clubhouse对该视频做了"预告"。Clubhouse被誉为"有声版的推特"，以注册用户邀请他人的方式参与交流，但邀请人数有限。在获悉马斯克登场的消息后，听众踊跃报名，受邀人数远超系统的限制。

2021年1月31日晚上，马斯克在Clubhouse的讨论中就"Neuralink近况如何"的问题予以正面回应：

"我们已经在一只猴子的脑中植入无线芯片（脑机接口）。由于实在渺小，内置细小电极的芯片完全看不出装在哪里。由此，这只幸运的猴子仅凭意念就能畅玩电子游戏。"

而且，马斯克明确补充说："Neuralink计划大约一个月后发布具体视频。"虽然实际发布的时间略晚，这则视频依然令全世界大吃一惊。

■ 在脑中装入比头发还细的电线

马斯克公开宣扬把芯片植入大脑的记录可以追溯到2019年7月16日。在Neuralink总部所在地——旧金山，马斯克于加利福尼亚科学博物馆（California Academy of Science）侃侃而谈的风采也被人拍下并上传至YouTube。

面对庞大的记者群，马斯克揭开Neuralink的神秘面纱。在介绍完公司业务之后，他对正在研发的第一件产品（脑机接口）大谈特谈。

该脑机接口与佩吉脑中的N1 Link形状有别。简单来说，就是把直径约8毫米的芯片通过无数的电线与大脑皮层缝合。

每根电线的厚度约为5微米，比头发（通常为50～100微米）还细。此外，为了缝合手术而专门研发的机器人也一并公诸于世。在演示的过程中，记者们不禁感叹："这就像一台缝纫机。"

根据马斯克的说明，"我们已经对小白鼠做了实验。可以证明，机器人手术的风险极低，堪比用于视力矫正的准分子激光手术"。

▉ 三只小猪登场

仅仅过了一年，N1 Link（又称 Link 0.9）在 2020 年 8 月 28 日的 Neuralink 线上活动中正式问世。

在这次活动中，三只小猪的视频最吸引眼球。围栏之中的三只小猪情况各异，由此可以检验实验的正确性。小猪格特鲁德（Gertrude）在两个月前装上 N1 Link，小猪多罗西（Dorothy）在安装后又拆除，小猪乔伊丝（Joyce）从一开始就没有植入。我们从名字不难看出，三只小猪均为雌性。

视频中的三只小猪十分活跃，尤其是格特鲁德，一旦她嗅到什么气味，N1 Link 就会实时捕获鼻子的神经活动，监测的屏幕也同步显示"脑神经细胞的放电"。

在三只小猪引起轰动的八个月后，"猴子凭脑电波玩游戏"的视频于2021年4月9日横空出世。

　　诚然，以小猪和猴子为实验对象难免会背负"虐待动物"的骂名，后文会做详细介绍。在此，我只想强调一点：对于马斯克来说，拿动物做实验只是暂时的过渡。

　　在2017年宣告Neuralink成立时，马斯克毫不讳言："10年内实现人机对话。"显而易见，脑机接口研发的终点是人脑。

　　给人脑植入脑机接口的开颅手术完全由机器人自动操作，只需1小时便可完成。因此，我们更应该关注，"终点"是怎样的设备以及可以怎样造福人类。

■ 目标只是为了"治疗神经类疾病"吗

"使半身不遂的患者仅凭大脑便可操作电脑或电话，这是我们的目标。"猴子玩游戏的视频以这样的旁白结尾。事实上，马斯克也说过类似的话："人机合一的技术旨在帮助脊柱神经受损的人群，通过植入的方式弥补人们丧失的能力。"

根据Neuralink公布的资料，脑机接口的研究课题并不局限于半身不遂，还包括记忆障碍、听力障碍、视觉障碍、忧郁、失眠、剧痛、发病、不安、依赖症、中风，即"神经类疾病"。

因此，Neuralink一再强调：脑机接口技术以关爱大脑和治疗神经类疾病为目标。但是，果真仅限于此吗？

在2020年8月的一次演讲中，马斯克提道：

"（脑机接口技术有助于人们）实现记忆的备份、保存及恢复。而且，伴随科技的进步，这份记忆最终可以被新的身体或机器下载。"

人的记忆力随着年龄的增长而衰退。青少年阶段的记忆可以长期保存，但是中老年时期的新增记忆往往转瞬即逝。所以，人脑的记忆力终究存在极限，马斯克所说的"记忆备份"正是着眼于此。

实现记忆的保存、恢复，并且可以被新的身体或机器下载，这便是我在前言部分提到的"人的赛博格化"。

为什么马斯克会抱有这样的观念？解读的关键在于他的经营策略。

■ 马斯克积极树敌，勇于挑战

作为身联网业务的领军企业，Neuralink迅速成为全球关注的焦点。该公司2021年总计募集资金1.58亿美元，其中的1亿美元来自马斯克。相比于2017年公司初创时的2 695万美元，资金大约增长了5倍。尽管Neuralink并未上市，但是股东（主要为技术研发人员、医生等）有200人左右。马斯克更是放出豪言："将来会有超过1万名股东！"

凭借在电动汽车（特斯拉）、航天（SpaceX）、太阳能发电（SolarCity）、地下隧道（Boring Company）领域的成功，马斯克一鼓作气，于2016年7月创办Neuralink。

如果用一句话来概括马斯克的经营策略，那就是"积极树敌，勇于挑战，凭借战斗的姿态感染四周、引人注目"。由于粉丝数量的增多以及社交网络的造势，他的业务得以推行。

我在下一章也会提及，马斯克小时候身材瘦小，时常受人欺负，不得不奋起自卫。如何战胜"敌人"——欺负自己的大孩子，这样的思考贯穿他整个少年时代，激励他不断成长。在我看来，马斯克今日事业的辉煌离不开成长环境的强烈刺激。

把毫不起眼的"敌人"捧成万众瞩目的焦点，这是马斯克经营理念的重中之重。

▨ 最初的"敌人"

马斯克树立的第一个"敌人"是人工智能和温室效应。

在互联网盛行的当今社会，电脑为人们的生活带

来了极大的便利。因此，认可人工智能的观点占据多
数，甚至许多人觉得生活离不开人工智能。

然而，马斯克反其道而行之。在畅想未来人工智
能高速发展之余，他也抛出了自己的担忧：

按照如今的态势，人类将会迎来意想不到的时代。
之所以说意想不到，是因为未来人工智能的信息处理能
力会碾压人类今时今日的认知。人类的工作基本都会被
人工智能取代。

而且，人类一般经不起诱惑，肆意破坏环境，造成
二氧化碳的堆积，温室效应愈演愈烈。倘若对此坐视不
理，人类和地球终将陷入万劫不复的境地。因此，危机
并不遥远，敌人就在眼前。

马斯克毫不掩饰对人工智能和温室效应的敌意。
温室效应暂且不提，单从与人工智能叫板来说，马斯
克打造孤胆英雄的人设、标榜自身战斗不屈的意图已

经很明显。

▓ 马斯克的同类

从某种程度来说，马斯克与美国前总统特朗普（Trump）颇为类似。马斯克曾于特朗普任内受邀加盟环保问题咨询委员会，在推特上也曾与特朗普多有唱和。

然而，由于特朗普原本就对环境保护漠不关心，后来干脆退出全球气候框架公约——《巴黎协定》（2019年11月向联合国宣告退出），加之特朗普"温室效应纯属谎言、实际并不存在"等言论频频爆出，二人渐行渐远，最终分道扬镳。

▇ 意气相投

另一方面，马斯克的某些言行又与俄罗斯总统普京（Putin）一脉相承。

或许是意气相投，2021年2月13日，马斯克在推特上向普京喊话："我们可以通过Clubhouse谈谈吗？"

他俩又是如何走到一起的？答案是人工智能。

"人工智能凌驾于人类之上只是时间问题。"这是二人的共识。而且，他们都曾经表示："担心人工智能会成为第三次世界大战的导火索。"普京认为，人工智能的危害犹在核武器之上，人类面临被人工智能控制甚至奴役的危险。这番言论不仅风靡俄罗斯国内，在与互联网技术相关的国际会议中也被反复提及，堪称警钟长鸣。

"人工智能比核武器更危险。"或许是深受普京的影响，马斯克在谈论核问题时也不忘补上这一句。

朝鲜的核导弹试射备受全球瞩目，其洲际弹道导弹的射程可达北美洲。如今，如何抵御核威胁已经成为G7峰会热议的全球性话题。

▋ 把人脑和人工智能融为一体

马斯克对于核问题的见解不失为一种观点。另一方面，围绕人工智能的全球争霸也在悄然上演。

人工智能的自我学习能力最令马斯克担忧。通过自主学习，一旦判断人类发展的方向存在偏差，人工智能就会予以干预。换言之，人工智能最终将掌控人类。在马斯克看来，这一天迟早会到来。

假如真的到了那一天，人类应该如何生存？对此，马斯克给出了自己的答案："人类必须掌握可以与人工智能抗衡甚至超越人工智能的知识和能力。"

在他看来，培养超越人工智能的人类需要把人脑和人工智能融为一体。正是基于这样的理念，马斯克进军身联网领域，成立脑机接口公司Neuralink。

除了马斯克和普京，史蒂芬·霍金（Stephen Hawking）博士也曾对人工智能抱有戒心。这位英国知名物理学家时常发表对人工智能的担忧，以下文字出自他2018年病故前出版的著作《十问：霍金沉思录》（*Brief Answers to the Big Questions*）：

令我在意的是，人工智能发展迅猛，甚至开始自我进化。在遥远的未来，人工智能可能产生自我意识，与人类抗衡也未可知。如此划时代的人工智能一旦问世，对人类而言，究竟是福还是祸……

与霍金博士交流意见

事实上，霍金曾经组织与互联网巨头们聚会，彼此交流意见。其中一人正是马斯克，另一位则是创办微软的比尔·盖茨。

觉醒的人工智能"不相信人类"，认为"地球在人类的手中只会越来越糟，不如由人工智能代替人类守护地球"。三人均意识到人工智能主宰人类的问题所在，做出这样的判断也不足为奇。基于这样的危机意识，彼此的交流也颇为务实。

就在会谈不久前，马斯克发布对SpaceX的设想：首先跳出地球，从月球获取资源，然后移居火星。马斯克放眼宇宙的胸怀深得霍金的赞赏，受邀出席也就顺理成章。

除了霍金、马斯克、比尔·盖茨外，不少从事前瞻性研究的科研人士也预见了人机对抗的未来。围绕人工智能的成长及风险，深刻的讨论层出不穷。回顾工业革命以来的历史，我们需要带着辩证的眼光接受技术进步，更要正视革新带来的潜在危险。

当今时代，数字化转型的浪潮席卷全球。"数字化转型"简而言之就是"运用数字技术改变人们的生活方式以及商业模式"，人们不应对此盲目崇拜。技术越是进步，安全问题也就越严峻，难保不会失控。

从这个角度来说，马斯克倡导的"培养超越人工智能的人类"也是对新兴文明的另类诠释。

■ "赛博格"的诞生

基于这样的时代及社会背景，马斯克创办了致力于研究身联网技术的脑机接口公司Neuralink。2017

年，马斯克宣告"嵌入人脑的电脑芯片已经研发成功"，并且放出豪言："希望能在10年内把脑机交互推广到全人类。"

马斯克时有惊人之语，这也是他的一贯作风。不可思议的是，即便内容荒诞不经，但只要他一本正经地说出，他就可以打动听众。毫无疑问，许多媒体和研究人员对马斯克的"豪言"深信不疑："这样的时代终将到来。"与此同时，人们对人工智能的敌意也被煽动起来。或是在记者发布会上侃侃而谈，或是在社交网络上频频发帖，马斯克广泛撒网的经营策略可见一斑。

正如前文所说，Neuralink进行各种实验的终极目标是"人脑与人工智能融为一体"，也就是诞生"赛博格"。我称之为实现"人的赛博格化"。

马斯克坚信"赛博格"可以拯救人类于濒临灭亡的深渊："如果不在脑中植入电脑芯片（脑机接

口），人类就只能听命于'不死的独裁者'。"

"不死的独裁者"自然指的是人工智能。为了与之抗衡，人类必须武装成具备超能力的"赛博格"。因此，"生命与数据的结合"不可或缺。

面对社交网络的粉丝，马斯克慷慨陈词："知识、体力、想象力……个人能力终究有限，而搭载人工智能的赛博格可以不断突破，具备无限可能。所以，需要把机器的能力导入人体。这就是我想研发的技术，而且我的团队已经取得了一些专利。越来越多的专利会被运用到实践中，我终将拯救人类、实现（自身背负的）伟大使命。"

■ 拓展人的能力

马斯克认为，"拯救人类"的唯一出路只能是借助技术不断拓展人的能力。而且，Neuralink并没有停留在专利阶段，最近的案例就是协助美军研发"战术突袭轻甲"（Tactical Assault Light Operator Suit，简称TALOS）。

该研究始于2013年，由美国特种作战司令部（U.S. Special Operations Command，简称USSOCOM）主导。"战术突袭轻甲"又称"动力服"，顾名思义就是海陆特种部队士兵身穿的装备。由此，士兵可以激发超能力，比如跑得更快、跳得更高、轻松搬起重物等。不过，该研发团队已于2019年解散。

"战术突袭轻甲"的研发重点虽是大幅提升"人体"（Body）机能，但对"人脑"（Mind）也有涉及。换言之，强化大脑也能提高战斗力。而且，影响对手的大脑甚至控制对方也被列入研究的方向。

这不是本书第一次提到Mind，Neuralink给猴子玩游戏的视频的名字就是Monkey MindPong。英文中的Mind含义广泛，不仅包括"心灵""精神"，也包括"思考""想象力"，还包括"理性""心意""判断力""意见""意识"等。可以说，一个单词便把变幻万千的大脑活动涵盖其中。

值得一提的是，着眼于大脑的军事研究始于1953年。当时，美国中央情报局（CIA）发起MK-ULTRA计划，旨在研究第二次世界大战时德国纳粹集团如何控制民心，比如希特勒对国民洗脑的手段等。据传，该计划下设149项实验，反复测试药物、超声波、放射性物质、拷问等方式对精神控制的效果。

但是，侵犯人权及隐私的丑闻频频爆出，MK-ULTRA计划最终被叫停。在实施20年后，美国中央情报局局长不得不签发文件，下令销毁全部资料。只有极少部分文件残存，并于1975年为世人所知。

MK-ULTRA计划的实质是"程式化解读人类，

达到控制的目的"。尽管该计划已是过往云烟，但是此类实验并未退出历史舞台，而是在暗中进行至今。对此，我在后文还会提及。

■ 奥巴马时期的人脑改革计划

在奥巴马（Obama）主政时期，美国曾于2013年推出"人脑改革计划"。该计划的预算高达60亿美元，其中45亿美元投向美国国立卫生研究院（National Institutes of Health，简称NIH）。而且，美国国立卫生研究院启动的第一项研究正是嵌入人脑的脑机接口，这可以说是马斯克创办Neuralink、研发脑机交互的源头。

除此之外，美国国立卫生研究院也在研究V2K技术。

V2K是Voice to Skull的缩写，指的是把声音（Voice）直接传到头盖骨（Skull）。如果传输一定波长的电波，那么即便实验对象耳朵没有听到声音，脑部神经也能引起共鸣。换言之，只要波长合适，"原本没听到"的声音就能"被听到"，仿佛心灵感应一般。

最早研究V2K技术的其实并非美国国立卫生研究院，而是冷战时期美苏的科学家，主要还是将其用于军事。而且，美军将其引入伊拉克战争（2003—2011年），并把这项武器称为"神明之声"。

通过特殊的电波装置，美军向伊拉克士兵发送"放下武器"等信息，意图瓦解他们的斗志。脑中不断响起这样的声音，对手当真以为这是神启。

V2K技术对伊拉克战争的实际影响缺乏详细的佐证，但是，把技术运用于实战的尝试无异于打开"潘多拉的魔盒"。即便基于"反恐"，技术终究也会反作用于人类。从这一点来说，如今的身联网技术也不例外。

暗中进行的精神控制研究

虽然美国中央情报局推行的MK-ULTRA计划于1973年不了了之，但是此类实验并未终止。而且，这项"精神控制计划"的继承者不是别人，正是现代互联网企业。

以谷歌举例。DeepMind是英国一家致力于研究人工智能的企业，因为开发智能围棋程序阿尔法围棋（AlphaGo）而名声大噪。马斯克一度也向该公司投资，然而，由于母公司Alphabet于2014年被谷歌收购，DeepMind自然也被纳入谷歌旗下。这笔收购费约5.5亿美元。

DeepMind在人工智能领域堪称引领世界，尤其以智能机器人和无人驾驶的研究最负盛名。该公司于2010年成立，由人称"天才游戏玩家"的德米斯·哈萨比斯（Demis Hassabis）担任首席执行官。

本着"人工智能业务决定公司未来"的发展战略，谷歌对DeepMind志在必得。如今，哈萨比斯加盟谷歌"未来创造团队"，团队领导人是被誉为"长生不老研究第一人"的雷·库兹韦尔（Ray Kurzweil）博士。"打造可与人类媲美的人工智能"是DeepMind的终极目标，其与谷歌的创新思维自然具有相通之处。

2020年11月，DeepMind正式对外宣告：公司研发的人工智能系统AlphaFold可以解析蛋白质的内部结构。蛋白质究竟呈现怎样的立体结构？这是困扰科学界60多年的难题。如此一来，疾病传播以及过敏反应的过程也就一目了然了。不难理解，这对于抵御一些传染病乃至未来的防疫具有深远的意义。

▇ 围绕人工智能的激烈竞争

DeepMind紧锣密鼓地在纽约组建研发团队，网罗天下英才，甚至从竞争对手直接挖人。例如，脸书人工智能研发部的创始人之一跳槽DeepMind就一度成为街头巷尾热议的新闻。可以说，只有在推崇"深度学习"的人工智能行业才会有如此白热化的竞争。

谷歌本就重视人工智能的研发，手握DeepMind之后更是快马加鞭。当前，谷歌的研究重点是如何让人工智能以人为本。

另一方面，脸书于2019年收购新创企业CTRL-labs（收购金额未公开）。该公司致力于研究"非侵入性神经接口"。例如，用户可以通过意念操作电脑，完全不用鼠标。

其中的奥秘在于，用户通过腕带读取脑电波，以意念代替手指操作。与马斯克的N1 Link需要嵌入人体相比，此类接口重视"非侵入性（不伤害身体）"，即"可穿戴"。

如今，腕带对脑神经活动的解读据说准确率可达76%。因此，脸书计划将该技术投入"增强现实"（Augmented Reality，简称AR）和"虚拟现实"（Virtual Reality，简称VR）领域。根据脸书副总裁安德鲁·博斯沃思（Andrew Bosworth）的介绍，"（腕带）可以解读人的意图。用户想做什么的时候，只要大脑发出指令即可，例如和朋友分享照片"。

■ 抵御"仇恨言论"的良药

除此之外，脸书也把人工智能用于抵御"仇恨言论"的研究。众所周知，脸书一贯反对在网络上散播"仇恨言论"。而且，脸书尝试以人工智能分析用户的习惯。"这名用户的言论再升级就会极具攻击性。"脸书若能做出这样的判断，便可防患于未然。

人工智能可以大量存储用户发布的单词和语句，不难分析用户发文的习惯，一旦判定用户具有散布仇恨言论的倾向，便会自动拦截该用户发文。把95%的"潜在"仇恨言论扼杀在摇篮中，便是脸书的目标。

不过，社交网络平台限制用户发文的行为本身也会招致非议，脸书的竞争对手——推特也不能幸免。由于特朗普发文煽动支持者冲击美国国会，推特旋即封禁这位美国前总统的账号，结果又引起新一波反对干涉言论自由的抗议浪潮。

由于擅自采集用户的生物信息，比如面部识别数据等，脸书曾被卷入"侵犯用户隐私"的集体诉讼。尽管双方最终达成和解，但代价就是脸书于2020年1月付清6.5亿美元的赔偿金。由此可见，社交网络平台肆意介入个人隐私，已经到了无法坐视不管的程度。

话虽如此，打着抵制仇恨言论及暴力视频的旗号，不论是谷歌还是脸书，终究不会停下通过人工智能来监视和管控用户的脚步。而且，监管技术精益求精，终极目标便是对人脑的掌控。

■ 民间与政府的研究

除了互联网企业之外，美国还有其他研究人机合一的组织，包括私立大学、医疗机构、政府机关等。

以斯坦福大学的脑刺激实验室（Brain Stimulation Lab）为例，尽管设立的初衷是探索帕金森病的治疗方法，但在刺激大脑方面的领域研究至今，不觉已有30多年。

卡内基梅隆大学的神经科学研究院（Neuroscience Institute）由于为半身不遂的残障人士研发脑机接口 BCI 而名声大振。

尽管 BCI 与 Neuralink 的脑机接口 BMI 略有差异，但两者读取并转换大脑信号的本质相同。不过，相比于 BMI 装嵌在脑内，BCI 贴在皮肤表层，属于非侵入性装置。而且，BCI 的应用效果已经通过机械臂的实验论证。

与此同时，位于美国明尼苏达州的梅奥医学中心（Mayo Clinic）堪称民间医疗机构的代表。与斯坦福大学的脑刺激实验室类似，该机构也研究对大脑神经的刺激，只不过更侧重于治疗抑郁症。

政府机关似乎热衷于军事研究：位于五角大楼的美国国防部高级研究计划局（Defensive Advanced Research Projects Agency，简称 DARPA）于 2019 年启动脑机联动实验；美国陆军研究实验室（U.S. Army

Research Laboratory，简称ARL）潜心打造"生物混合机器士兵"，甚至专门立项，通过头脑开发，把人的能力提升到可与机器媲美的程度，例如培养可以不吃不睡的超级战士。

此外，与美军交情匪浅的跨界咨询机构兰德公司（RAND Corporation）也积极献计献策，例如以意念操控无人机。无人机被应用于军事始于"9·11"事件，历经20多年的革新，已成为风靡全球的"无人兵器"。比较全球各国军用无人机的数量，美国高居榜首，之后依次为中国、俄罗斯、印度、澳大利亚、以色列、土耳其、伊朗等。

▨ 实际被用于军事吗

综上所述，我们不难发现两点。

首先，人机合一的研究百花齐放，所以马斯克创办脑机接口公司Neuralink并非突发奇想。

其次，我们也要正视这样的可能：Neuralink倡导的身联网技术存在被用于军事的危险。

例如，特斯拉于2019年11月推出大型电动汽车，即赛博皮卡（Cybertruck）。我在第5章也会详细介绍，以它的体积，将其改装成坦克或装甲车也并非不可能。此外，SpaceX接受美国国家安全局（National Security Agency，简称NSA）和军方的委托，从事相关研究。不论是否出于本意，马斯克终究不能与军事毫无瓜葛。"大脑植入技术的研发是为了帮助神经类疾病的患者！"即便当初言之凿凿，可谁又能保证本应用于医疗的技术不会被转用到军事？

在介绍用于伊拉克战争的V2K技术时，我曾把这样的移花接木形容为"打开潘多拉的魔盒"。一旦魔盒打开，里面就会飞出一切人类的灾难，包括疾病、争斗、悲伤、憎恨、不安、犯罪等等，所幸，在盒子底部还剩一物，即"希望"。因此，我们既要满怀希望，又要正视现实。

■ Neuralink的隐患

Neuralink的隐患并不仅限于此。"控制大脑有助于飞跃性地提升人的能力！"尽管马斯克对此信心十足，但脑科专家们一致认为这并不容易实现。另外，对抱有神经类疾病的患者来说，脑机接口确实可以带来光明，但安装手术以及副作用的风险同样不容忽视。

此外，来自Neuralink元老的爆料更是给满怀希望的人蒙上了阴影。

马斯克一再宣称，Nueralink的实验及研究已经用于临床医学，并且获得美国食品药品监督管理局（Food and Drug Administration，简称FDA）的认证。然而，根据该公司元老的爆料，其实该研究在动物实验的阶段已是屡战屡败，公司内部乱作一团，无非没有曝光而已。前文介绍的三只小猪实验曾被控诉有虐待动物之嫌，也是来自内部员工的爆料。

值得一提的是，美国麻省理工学院的脑研究人员对这则视频多有怀疑，甚至提出严厉的批评："从没见过如此糊弄的演讲，感觉就是神经科学主题的作秀，纯属哗众取宠。拿小猪做实验自古有之，并不能证明该研究可以用于人类的治疗。除非拿出直接的证据，否则分析猪的脑电波完全没有意义。"

"这场活动是否为了集资而办？"面对记者们在观看了三只小猪视频之后的提问，马斯克断然否认："这（脑机接口）是全新的研究，只希望能被更多的人看到，使更多有志于这项研究的优秀人才加入我们。"

诚然，随着官网正式启动，Neuralink门户大开，广招工程学、科学、管理学等领域的专家。与此同时，对于来自企业内部的批判，诸如马斯克"沽名钓誉""只为个人敛财"云云，以及这项业务的风险本身，我们不能视若无睹。

脑机接口的副作用

尽管美国的新冠疫苗的研发只用了不到一年的时间，但是有没有副作用至今仍不明朗。同理，从长远来看，开颅安装脑机接口会给人体造成怎样的影响，我们尚不能确定。

因此，对Neuralink及身联网技术的质疑声一浪高过一浪。"我不介意在自己脑中安装脑机接口。"

马斯克进一步补充说，"比如，人类天生具有音乐等艺术潜能，只不过受当今教育及社会环境的摧残，难以开花结果。但是，只要安装脑机接口，人类就可以打破这层枷锁。"

人们不再被动接收大庭广众下的音乐，而是将音乐转成电波直接传入脑中，随时随地收听喜欢的音乐，并且进一步开发作曲及演奏的能力。换言之，人人都能成为艺术家，随处不乏艺术气息，人生可以变得更加丰富多彩。马斯克坚称，只要跨越当前的阻碍，人类便可迎来更自由、宽广的天地。虽然这件事听起来如梦似幻，可马斯克对此深信不疑。

互联网技术原本用于军事研发，但是的确造福了人类，为人类的生活带来了便利。从这个角度来看，马斯克的脑机接口技术或许也可以改变人们的生活方式，从而为人们增添新的人生乐趣。倘若马斯克描述的愿景果真实现，那么Neuralink毫无疑问也会赚得盆满钵满。

　　因此，"兜售梦想"是马斯克的本质。作为他的下一个目标，身联网业务暗藏各种风险。不过，梦想本身就是美好和危险并存。

第2章
天才还是空谈家

■ 父　母

为了走进马斯克的"内心"，我们需要追根溯源，回顾他的成长环境。所谓人生之旅，就是在环境中成长，不断积累经验。

1971年6月28日，马斯克诞生于南非行政首都比勒陀利亚。[①]由于当地的教育制度以9月作为新学期的开始，所以马斯克在同龄人中入学较早。

---

① 南非共有三个首都，其中行政首都是比勒陀利亚（Pletolia）——现已更名为茨瓦内（Tshwane），立法首都是开普敦（Cape Town），司法首都是布隆方丹（Bloemfontein）。

他的生父是南非籍的埃罗尔·马斯克（Errol Musk），母亲则是加拿大人梅耶·马斯克。网上也有人将他的母亲称作梅伊或者玛雅，其实正确的英语发音应该与"梅"相近。她的自传《人生由我》（*A Woman Makes a Plan*）已经出版。封面的作者署名是梅耶·马斯克，因此本书沿用"梅耶"这个称呼。

梅耶既是一名营养师，也是一名模特，凭借靓丽的身姿时常登上《名利场》（*Vanity Fair*）、《服饰与美容》（*VOGUE*）、《她》（*ELLE*）等知名时尚杂志的封面。而且，她在73岁时仍然坚持T台走秀。在社交软件照片墙（Instagram）吸引几十万人的关注。

马斯克与母亲格外亲近。马斯克曾经受邀主持美国全国广播公司（NBC）的知名综艺节目《周六夜现场》（*Saturday Night Live*）。2021年5月8日的节目档期适逢母亲节，因此他把母亲也请进演播室。

"亲爱的妈妈，我能有今天都是您的功劳。"马斯克情真意切地表示，"从我小时候开始，您就一直教导我专注于能让自己沉浸其中的事，这样就可以激发无限的能量。"

在节目一开始，马斯克坦言自己患有"孤独症谱系障碍"（Autistic Spectrum Disorder，简称ASD，又称自闭症）。他毫不讳言自己慢热、不易融入周边环境，但也自信地为广大病友打气："我的专注力由此得到磨炼。"马斯克拉着母亲的手谈笑风生，仿佛回到少年时代。

■ "没有比父亲更坏的人了"

马斯克是家中长子，弟弟金巴尔（Kimbal）比他小一岁，妹妹托斯卡（Tosca）比他小两岁。然而，一家人的幸福时光并不长久。1979年，在马斯克8岁的时候，父母选择离婚。

一般来说，离异家庭的子女大多跟随母亲。不过，在与金巴尔商议之后，马斯克决定投奔父亲，理由是："妈妈生活讲究，精力充沛，相比之下，爸爸一个人就很寂寞。"

然而，在日后的采访中提及父亲时，马斯克似乎悔不当初："天底下没有比他更坏的人了！"尽管语焉不详，但是他父亲的性格缺陷由此可见一斑。

梅耶曾经明确指出，离婚的直接原因就是家庭暴力。埃罗尔之后再婚，却和继女过从甚密，甚至育有一子。尽管彼此没有血缘关系，毕竟名为父女，有悖人伦。何况，当时埃罗尔已经72岁，而继女只有30岁，巨大的年龄差使得这则丑闻令人咋舌。

马斯克痛斥父亲是"坏人"并非始于这个时期，但也不能说与此事毫无关联。父母离异终究会给孩子的内心蒙上阴影，而且跟随埃罗尔的日子也让他认清了父亲的性格。因此，即便成名已有一段时日，马斯克也只和母亲频频在公众面前亮相，父亲宛如消失一般。

每天与科幻小说和电脑相伴

从大约 9 岁开始，马斯克频频光顾当地的图书馆，博览群书，尤爱科幻小说。在日后接受采访时，马斯克明确表示："我在孩提时代就有打造火箭、飞向宇宙的梦想。"

马斯克在 10 岁时拥有了人生的第一台电脑，从此自学编程。12 岁时，他独立开发一款名为《宇宙爆炸》（Blaster）的游戏。不久，该游戏被当地的一家电脑杂志出版公司以 500 美元的价格买断。可以说，少年马斯克乐此不疲地徜徉在科幻小说与电脑的海洋里。

由于泡在图书馆和在家自学电脑占据了日常生活的大半，马斯克朋友寥寥，也鲜有户外活动。即便在课间休息时，他也是手不释卷，同学无不视其为怪人。而且，由于身材瘦小，马斯克在升入中学后时常受人欺负，难免伤痕累累。据说，为了防身，他专门学习了柔道和空手道。

总算迎来高中毕业，18岁又是强制（如今南非已改为自愿）服兵役的年龄，马斯克自然也不例外。

南非的种族隔离制度直到1994年才废除，因此，当时的黑人难以获得公平的对待（此类现象至今依然存在）。为了镇压当地黑人的反抗运动，军队毫不手软。或许是基于自身长年遭受欺凌的心理阴影，马斯克不愿充当打手，对服兵役格外抵触。因此，他下定决心离开南非。

▓ 从加拿大到美国

为了逃离南非，18岁的马斯克选择落脚加拿大。由于母亲是加拿大人，马斯克本身就有加拿大国籍。1989年，马斯克携弟弟金巴尔、妹妹托斯卡一起投奔母亲。

不过，马斯克的终极目标并非加拿大，而是美国。美国梦令他心驰神往，他可以做自己喜欢的事，可以实现自己的梦想，一切皆有可能。因此，加拿大只是他的跳板，只待时机成熟。

定居加拿大之初，迫于生计，马斯克曾在农场和工厂从事体力劳动。日后回忆往事，马斯克不禁对打扫锅炉房的经历感慨万千。尽管每小时的收入高达18加元，远高于其他工种，但是高温作业实在难受，他难以长期坚持。因此，马斯克很快选择离职也在情理之中。

1990年，马斯克步入安大略省的女王大学。学习之余，他兼职维修电脑，或者把自己改装的电脑以低于市场的价格卖给朋友，以此补贴学费和家用。可以毫不夸张地说，马斯克的商业头脑在学生时代已经初见端倪。

在女王大学待了两年，马斯克终于可以踏上魂牵梦萦的美国。他顺利获得奖学金，进入宾夕法尼亚大学沃顿商学院。沃顿商学院于1881年成立，是美国最早的大学商学院。值得一提的是，美国前总统特朗普也是从该商学院毕业。

马斯克在宾夕法尼亚大学获得物理学和经济学双学位，不过，组织聚会才是他在此期间的最大亮点。马斯克在学校附近租了一套多达10间卧室的公寓，每晚组织聚会。只不过，每名出席的学生都要交一定金额的入场费。如此一来，马斯克的学费和生活费就有了着落。尽管他"喜欢聚会"的宣言显得言不由衷，但过人的商业头脑由此可见一斑。

▎研究生辍学，和弟弟创业

步入大学后，马斯克于童年时期种下的梦想终于萌芽且一发不可收。围绕未来的规划，他就此明确三个方向，或者说"三个梦想"：

① 互联网（电脑）。
② 清洁能源（环保问题）。
③ 宇宙开发（定居其他行星）。

正是怀揣造福全人类的理想，大学毕业的马斯克来到位于加利福尼亚州的斯坦福大学研究生院，攻读博士学位。不过，仅仅过了两天，他便拂袖而去："博士学位对我来说毫无意义！"马斯克独特的教育理念正是源自这段时期对学历的审视，此事暂且按下不表。

从斯坦福大学辍学后，马斯克和弟弟金巴尔于

1995年创立互联网公司Zip2，旨在研发可以编写网页内容的软件。

当时，互联网时代的大潮方兴未艾。然而，兄弟俩囊中羞涩，马斯克不得不向素来不睦的父亲求助。不知父子之间如何商议，总之，埃罗尔最终拿出2.8万美元。尽管父亲雪中送炭，公司依然捉襟见肘，只能想方设法节省开支。马斯克干脆睡在公司，终日埋头苦干，需要洗澡时就去附近的青年旅舍解决。

"每周工作100小时或120小时是理所应当的……"马斯克的这番豪言壮语并非毫无根据，从创办Zip2开始，他的工作狂特质便展露无遗。既然要攻克难关，那就不能心生懈怠，否则问题便无法解决。这就是马斯克的工作态度。

在主导特斯拉和SpaceX的研发时，马斯克对员工的要求也是如此。"工作没完成不准回家""层出不穷的刁难压得人喘不过气"……下属怨声载道，甚至不少人投诉他职场霸凌。然而，马斯克依然不为所动，这也是基于身为成功人士的自负。毕竟，他曾和弟弟废寝忘食、不达目的誓不罢休地连续奋战24小时。

从X.com到PayPal

天道酬勤，1999年2月，知名电脑公司康柏（COMPAQ）斥资3亿美元收购Zip2。在与弟弟商议如何分配净得之后，马斯克到手近2 200万美元。

同年，马斯克凭借这笔钱创办网上银行X.com。正值互联网行业狂飙突进的黄金时期，网上银行如雨后春笋般蓬勃兴起。马斯克不断吸收兼并其他同行，最终整合成鼎鼎大名的PayPal（贝宝）。

康菲尼迪（Confinity）是PayPal的前身，于1992年成立，在与X.com合并之后，康菲尼迪的彼得·蒂尔（Peter Thiel）与马斯克同为PayPal的创始人。

而且，PayPal的联合创始人并非只有蒂尔和马斯克，其中不乏日后掀起互联网改革浪潮的多位企业家。例如，YouTube前首席执行官查得·赫利（Chard Hurley）、商务社交平台领英（LinkedIn）的创始人里德·霍夫曼（Reid Hoffman）、地区商户点评网站Yelp的首席执行官杰里米·斯托普尔曼（Jeremy Stoppelman）。由于他们日后离开PayPal后依旧再创辉煌，引领时代，这群人也被戏称为"PayPal创业黑帮"。

不过，马斯克与这些联合创始人逐渐心生嫌隙。尤其是围绕在哪里建立服务器的问题，彼此迟迟不能达成一致。一气之下，马斯克请假出游，与第一任妻子（2000年结婚）贾斯汀·威尔逊（Justine

Wilson）飞赴澳大利亚散心。值得一提的是，贾斯汀是马斯克在加拿大女王大学读书时的同学。

堂堂PayPal的首席执行官竟然音信全无，忍无可忍的联合创始人就此解除马斯克的职务。回顾这场闹剧，马斯克显然有所反思："长期休假终究欠妥，不在公司的时候完全不知道其他人会干出什么事来……"

尽管PayPal发展良好，但是经过这次风波，分道扬镳在所难免。2002年10月，电子商务巨头eBay（易贝）以15亿美元收购PayPal，马斯克分得1.8亿美元。

▓ 为了实现"三个梦想"而遭受挫折

出售X.com和PayPal使得马斯克积累了一定的资本，他终于可以着手筹备SpaceX，目标就是实现人类定居火星的壮举。由于自家企业没有火箭，他起初考虑采购苏联废弃的导弹并加以改良。但是，平均每枚导弹高达600万美元的售价令他望而却步，他转而自主研发火箭。马斯克带头翻遍航天动力学书籍，同时从美国国家航空航天局（National Aeronautics and Space Administration，简称NASA）高薪聘请专家。2002年5月，SpaceX宣告成立，公司全称为"Space Exploration Technologies Corp."，即太空探索技术公司。

仅仅过了两年，马斯克于2004年创办"特斯拉汽车"（Tesla Motors，2017年1月更名为"特斯拉"）并担任总裁。又是两年后，马斯克于2006年7月成立太阳能发电公司SolarCity。连续的大手笔并非一时冲动，早在2002年筹备SpaceX时，马斯克便已计划周全，那就是逐步实现大学时期明确的"三个梦想"：互联网、清洁能源、宇宙开发。

这三个梦想是青年马斯克认定的"奋斗目标"。

在互联网领域，PayPal已经取得成功。接下来，特斯拉和SolarCity着眼清洁能源，SpaceX剑指宇宙开发。

尽管马斯克全力以赴，但圆梦的过程并非一帆风顺。2006年，SpaceX试射的第一枚火箭"猎鹰1号"（Falcon 1）在空中发生爆炸。2007年和2008年的尝试也均以失败告终，SpaceX彻底陷入绝境。另一方面，特斯拉首款电动汽车Roadster于2008年对外发售。然而，由于Roadster存在线路隐患，公司很快宣布召回。从2005年开始，Roadster的各种概念车型频频曝光，吊足了大众的胃口。如今出现这样的结果，马斯克自然颜面扫地。

▊ 个人生活也受打击

祸不单行，马斯克的个人生活也陷入低谷。2008

年，他与成婚八年、育有五个子女的贾斯汀离婚。两年后，即2010年，马斯克与英国女演员妲露拉·莱莉（Talulah Riley）喜结连理，但是这段婚姻仅仅维持了两年。离婚一年后，两人于2013年闪电复婚，不过还是在2016年分道扬镳。妲露拉向往田园牧歌的悠然自得，与身为工作狂的马斯克终究无法合拍。

马斯克曾经深情地表示："虽然我和妲露拉分开，但她仍是我一辈子的好朋友……"对于马斯克来说，与两任妻子离婚自然少不了财产分割，巨额赔偿、让渡部分股票和房产也是在所难免。

对SpaceX和特斯拉的投资未见成效，加之个人生活方面的经济损失，马斯克顿时陷入濒临破产的困境。他不得不临时寄宿朋友家，连生活费都得到处去借。

▊ 金主涌现

万幸的是，这样的困境并不长久。由于看好马斯克所坚持的事业，以美国国家航空航天局为代表的金主及时施以援手。

2008年9月28日，屡败屡战的SpaceX终于在第四次试射火箭时取得成功。受此鼓舞，SpaceX与美国国家航空航天局围绕国际空间站等合作事宜签订协议，SpaceX由此获得15亿美元的资助。

其实，美国国家航空航天局早在2006年便给SpaceX投资了4亿美元用于火箭研发。在他们看来，传统的火箭只能发射一次，而SpaceX的猎鹰系列火箭经实验证明可以回收利用。如此一来，SpaceX既能节约成本，又可用于向国际空间站运送物资。

2010年6月，特斯拉在美国纳斯达克证券交易所成功上市，融资金额达2.26亿美元。上一家成功上市的美国汽车制造商还要追溯到1956年的福特公司，如此壮举自然能吸引大量资本涌入，特斯拉的股价也是节节攀升。更有甚者，沃伦·巴菲特（Warren Buffett）等金融巨鳄也纷纷一掷千金，可见他们对特斯拉的未来充满信心。

2008年濒临破产的马斯克到2012年时已有2亿美元的身家，并且首次登上福布斯财富排行榜。2021年，马斯克的个人净资产约为1 467亿美元，甚至一度达到1 850亿美元，使得他"首次"摘得世界首富的桂冠。面对今日的成功，马斯克不禁感慨道："2008年是我的分水岭……"

简单回顾马斯克的发家史，我们不难发现他的商业模式：为了实现梦想而迈进，不惜一切代价。

尽管马斯克认为"我是天下最聪明的人"，但他还是能正视自身的不足。于是，他尊重专家并且不惜重金将其招至麾下，还在读遍各类论文之后虚心求教。除了民间资本之外，他也重视来自美国国家航空航天局等政府层面的资助。

伴随着研究的深入，专家的重要性逐渐下降。一旦认为自身足以应付，马斯克便会毫不留情地遣散专家。这般过河拆桥势必招致恨意和不满，频频的内部爆料就是最好的证明。

此外，"每周工作100小时或120小时是理所应当的工作态度"则体现马斯克身先士卒的一面。马斯克保持前进的姿态，发现问题就及时解决，始终以值得信赖的精英形象示人，努力圆梦的激情确实可以激励员工并肩作战。但是，他把自己的标准强加于人，甚至要求员工也不眠不休，难免令人反感。

或许，在马斯克看来，既然专业性强的精英云集于此，而且高收入应该与高强度和高难度挂钩，那么

"不眠不休地工作也是理所应当的"。对此，我不禁好奇：马斯克这样的风格究竟可以坚持多久？

特斯拉的顺境与逆境

早在上市之前，特斯拉已于2009年公布第二款车型Model S，并且于2012年正式发售。此后，新车型层出不穷，屡屡成为媒体及用户的热门话题。具体来说，2012年的车型是Model X，2016年的车型是Model 3，2019年的车型是Model Y。可以说，这一系列举动也有对外宣扬特斯拉蓬勃发展的用意。

不过，特斯拉之所以能成为"热点"，积极推出新款车型并非唯一原因。特斯拉素来标榜的自动导航（无人驾驶）频发交通事故：2016年有1例，2018年有4例，甚至还有用户不幸丧生。新技术是否成熟，也成为全球关注的焦点。

例如，2021年4月17日，美国休斯敦的一次交通事故涉及Model S，车上的两名乘客未能幸免于难。当时，该车辆径直冲上路肩，撞上路边的树木。激烈的冲击引起火灾，坐在后排的乘客双双殒命。照此情形来看，很有可能是"自动导航"导致了悲剧的发生。

在同年4月19日的第19届上海国际汽车工业展览会上，又出现强烈抗议的一幕。有人身穿胸前印有"刹车失灵"字样的T恤登上展台，并且高喊："特斯拉刹车失灵！"

之后，其中一名女士甚至跳上展车的顶部，继续大声疾呼："特斯拉的刹车有故障。Model 3在驾驶过程中刹车失灵，差点让我丧命！"大约两分钟后，该女子被保安制伏。

关于Model S的事故，马斯克在推特上予以反驳："所有验证表明，（事故车）的自动导航运转正常。正是归功于自动导航，特斯拉的事故率仅为其他品牌汽车的十分之一。"话虽如此，特斯拉的股价还是暴跌了，马斯克的资产也缩水不少。

▓ 太空梦终于成功实现

2008年9月，第四次试射火箭"猎鹰1号"终于成功。此后，SpaceX捷报频传。2010年6月，"猎鹰9号"顺利升空。2010年12月，"猎鹰9号"搭载"龙飞船"（Dragon）进入地球同步轨道。值得一提的是，"龙飞船"于2012年5月与国际空间站完成对接。

之后，SpaceX与"龙飞船"的合作连战连捷。根据我查阅的信息，从2012年10月至2020年12月的八年间，双方总计试射20次。除了2015年6月那次未能如愿之外，其余均圆满上天。而且，在与"龙飞船"升级版——"龙2飞船"（Dragon 2，又称Crew

Dragon）的合作中，双方也取得成功。日本宇航员星出彰彦搭乘"龙2飞船"升空，并于2021年4月24日与国际空间站上的野口聪一顺利会师，日本媒体对此也是津津乐道。

　　定居其他行星是马斯克的"三个梦想"之一，为此，SpaceX尝试整合火箭和宇宙飞船。其中一大进展就是大型火箭"星际飞船"（Starship）：第一段是名为"超级重"（Super Heavy）的火箭推进系统，第二段是载人宇宙飞船。"星际飞船"全长120米，总重量达150吨。与美国国家航空航天局"阿波罗计划"的"土星五号"运载火箭（长110米、重140吨）相比，"星际飞船"更胜一筹。

　　"土星五号"的试射始于2019年，成功和失败的经历都不少，因此长期处于研发阶段。2020年12月以及2021年2月和3月，"土星五号"连续3次实验均以着陆失败、机身爆炸而告终。直到2021年5月5日，"土星五号"在升入万米高空后的反喷射实验总算成功，证明回收利用可行。因此，美国国家航空航天局有意将其用于2024年的阿尔忒弥斯登月计划。[①]

马斯克对自家产品也是信心十足："（由于'星际飞船'可以回收利用）宇宙航行的花费可以削减到以往的百分之一。"

■ 光与影

2015年，马斯克向非营利组织OpenAI融资，旨在推动人工智能的研发。2016年，他又创办Boring Company，试图通过地下隧道实现快速交通。Neuralink也是在这一年成立的。伴随业务的扩张，马斯克一时风头正劲，被誉为"天才企业家"。

[①] 阿尔忒弥斯登月计划的目标是重返月球并建立长期科研点，并且最终登陆火星。该计划以希腊神话女神阿尔忒弥斯命名，计划将第一位女性和第一位有色人种送至月球，这也是首次多国合作登月。

不过，在我看来，这只是其光鲜亮丽的一面，并非全貌。

诚然，马斯克的商业模式是把先前并不引人瞩目的问题表面化，然后积聚财力和服务来解决问题。以无中生有的方式创造价值，抢占市场，成绩固然值得肯定，但是，与名垂青史的企业家们普遍信奉脚踏实地、积少成多相比，马斯克的做法可谓离经叛道。

以特斯拉电动汽车为例。一方面，鉴于产量本就不多，其"事故率只是其他品牌的十分之一"等说法缺乏说服力，由于赔款纠纷而被卷入诉讼的情况倒是屡见不鲜。

另一方面，特斯拉尽管一再宣称零排放有助于保护环境，却以锂作为电池的核心材料。锂属于稀有金属，采掘时需要消耗大量的水和化石材料，而且还会产生各种废弃物，这些无一不会加重环境的负担。何况，锂不能直接用于电池，而是需要转化成镍酸锂，消耗的镍也不在少数。

各国锂的储量由高到低依次为智利、中国、澳大利亚、阿根廷。镍矿资源丰富的国家则有澳大利亚、俄罗斯、古巴、印度尼西亚、法属新喀里多尼亚等。尽管储量并不等于产量，但采掘过程势必污染环境。归根结底，还是生产电动汽车所致。而且，矿工的作业环境极其恶劣，漠视人权自然易招致媒体的口诛笔伐。

据传，有一家名为"TSLAQ"的匿名组织长期在推特上批判特斯拉及马斯克。例如，"Model S存在缺陷""马斯克宣称的计划产量无法达成""无故解雇员工"……尽管这些故事真伪难辨，但"TSLAQ"的名称耐人寻味。在美国证券交易所所用的股票代码中，"TSLA"正是特斯拉的缩写。而且，美国证券交易所会给倒闭企业的代码末尾加上"Q"。

电动汽车只对零排放、环保的"光明"部分大肆渲染，然而，"阴影"也是由光明带来的。

▨ 擅长精神控制的天才

不过，马斯克宣称："这些都是胡编乱造！他们纯粹出于嫉妒。为了陷害我，部分人甚至和媒体勾结，想方设法散播对我的恶评。"尽管被外界贴上"拜金主义""大言不惭"的标签，但是马斯克毫不在意。

而且，他也不忘反过来利用负面的声音。他越是摆出毫不畏惧、英勇抗争的姿态，越能获得支持者的认可，强调自身的正确也有助于事业取得成功。这就是马斯克掌握人心的独到之处。

马斯克在推特上写道："我不可能让所有人都高兴，尤其是在推特上。如果不能语出惊人，读者就会觉得无聊。久而久之，推特也就会成为一潭死水。或许，我的某些言论毫无道理，或者理当删除。不过，正所谓'魔高一尺，道高一丈'，最终获胜的必是正义的一方。只有撇开媒体的添油加醋，正确的信息才得以传达。因此，我决定直接在推特上发表言论。"

从某种角度来看，马斯克堪称擅长精神控制的天才。"当今媒体习惯编造虚假新闻，完全沦为某些利益集团的工具。"这番断言引得许多对现实不满的人心生共鸣，而且，这也是颇具马斯克风格的一种手段。

2021年5月，马斯克推特的关注人数超过5 600万，与2021年3月相比，关注人数堪称狂飙突进，一下子跃居世界第17名。值得一提的是，当时关注人数排名第一的是美国前总统巴拉克·奥巴马（1.29亿），排名第二的是流行歌手贾斯汀·比伯（1.14亿）。当今社会，社交网络的只言片语很有可能成为舆论主流。毫无疑问，推特就是马斯克拓展业务的强力武器。

例如，生日原本属于个人隐私，但是经过巧妙包装，庆生就成为马斯克提升人气的良机。马斯克或在英国古堡，或在东方快车上举办生日宴会，如梦似幻的场景连美国流行巨星迈克尔·杰克逊（Michael Jackson）都得甘拜下风。不过，在2019年6月28日的48岁生日时，马斯克的面貌与以往有所不同。他在推特上只是草草写了一句："（今天）忙于寻找特斯拉的全球物流据点。"

由于之前的四起事故，特斯拉Model 3的生产也被推迟。2019年第一季度，特斯拉的赤字高达7亿美元。虽然身陷困境，马斯克在生日当天依然积极工作，寻求解决问题的办法，甚至吃住都在公司。这样的推特发文尽管廉价，但从宣传特斯拉的角度来看，效果极佳。

我才是主角

以马斯克的为人，外界如何看待他素来是他的关注点。平时，他喜欢收看网飞（Netflix）和HBO电视网的节目，从影视作品中汲取灵感。而且，他还客串出演2010年的超级英雄电影《钢铁侠2》。

众所周知，马斯克也是一位游戏迷。20世纪90年代初，他曾在位于美国加利福尼亚州的电子游戏公司火箭科学（Rocket Science）打过短工。尽管和所谓的"宅男"有些类似，但马斯克显然并不满足于单纯地看电影和打游戏，而是身临其境地畅想自己扮演主角的情景。可以说，从少年时代开始，他就具有强烈的英雄主义情结。

脑机接口公司Neuralink的展示充分体现出马斯克"我才是主角"的性格。

通常，企业宣讲大多会事先备好发言稿，并且排练多次，比尔·盖茨和史蒂夫·乔布斯也不例外。不过，马斯克完全不做准备："演练纯属浪费时间，即兴发挥才是我的风格。"他并不担心记者可能会不按常理出牌，对于下属模拟问答的建议也不以为然。站在三只小猪身前，马斯克果真面对镜头侃侃而谈。

诉讼不断

如此特立独行的风格可谓利弊参半。

2018年6月，某少年足球队的球员及教练共13人被困于泰国北部的洞穴，一时成为全球关注的焦点。为了救险，马斯克迅速派出SpaceX和Boring Company的技术员。之后，他亲赴现场，并且带上按照SpaceX技术制作的小型潜水艇，最后发现派不上用处。

参与救援的英国潜水员在推特上暗讽马斯克有沽名钓誉之嫌，而马斯克也是语出惊人："那个人（潜水员）有恋童癖！"为此，马斯克被该潜水员告上法庭、索赔1.9亿美元。尽管最后马斯克以并未构成对他人名誉的侵害而逃过一劫，但是习惯言辞犀利、发文毫无掩饰的马斯克免不了频频被推上风口浪尖。

2018年4月，马斯克在推特上宣称将以每股420美元的价格将特斯拉私有化，并且"资金已经到位"。美国证券交易委员会（Security and Exchange Commission，简称SEC）自然不会对此视若无睹，于是起诉马斯克"欺瞒股市、操纵股价"。

2019年4月，双方庭外和解，马斯克为此支付了2 000万美元。同时，双方同意另行协商规范马斯克推特发文的具体条件。由于迟迟没有动静，特斯拉的股东们于2021年3月向董事会发难："本该与美国证券交易委员会达成协议，但是马斯克毫无作为，而且继续在推特上口无遮拦，让股东们蒙受损失。"于是，马斯克不得不与美国证券交易委员会迅速谈妥：今后与特斯拉业务相关的推文必须经过律师的审阅才能发表。

尽管达成和解，马斯克并未就此收敛，大谈特斯拉股价等影响股市的推文依旧层出不穷。身为企业的舵手，如此心直口快确实欠妥。

比特币的风波

2021年，马斯克在推特上为比特币煽风点火，引得全球市场乱成一团。

2021年2月8日，特斯拉斥资15亿美元买入比特币，同时高调宣称："不久将开始接受用比特币购买我司的产品。"在此之前，马斯克给自己的推特简介加上"#bitcoin"的标签，并且发布推文造势："也许我是爱上比特币了……"受此影响，比特币的价格急剧上升，从前一天（2月1日）的3.3万美元迅速攀升到4.7万美元。在Clubhouse的讨论中，马斯克进一步表示："我支持比特币，早在8年前就该买了……"

不过，关于特斯拉重金买入比特币以及马斯克的言论，我始终心存疑虑。

2021年4月13日，比特币达到63 518美元的历史最高价，而同期特斯拉的资本收益为13.8亿美元。诚然，金融产品只有在交易中才能明确利润，否则只是"未实现利润"，作为虚拟货币的比特币也不例外。不过，13.8亿美元的数字远超特斯拉2020年卖出50万辆电动汽车的销售利润——5.75亿美元。事实上，在比特币升值后不久，特斯拉将当初15亿美元买入的比特币售出10%左右，获利1.1亿美元。

特斯拉身为汽车制造商，却靠投资盈利，这岂不是本末倒置？而且，马斯克对比特币这样的市场如此重视，多少有些以小博大的赌徒心态。通过SpaceX的技术实现人类定居月球、火星等的太空梦，这是马斯克一贯的主张。与之相应，另一波舆论的造势也是愈演愈烈：在地球之外的据点，"比特币就是最佳的流通货币"。

▉ 挖矿破坏环境

除了"本末倒置"，与生产锂电池类似，比特币挖矿对环境的危害也不得不提。

众所周知，比特币交易通过挖矿实现。简而言之，挖矿就是把比特币的交易信息交给第三方管理并获得确认。由于确认方支付一定的新比特币作为报酬，引得全球"矿工"络绎不绝地参与其中。

然而，挖矿需要借助电脑进行复杂的计算，电力消耗极大，也会给环境带来沉重的负担。特斯拉以生产"环保电动汽车"为口号，却因为投资比特币而破坏环境，不得不说，这也是"本末倒置"。

不过，后来马斯克突然宣布："不再接受用比特币购买特斯拉电动汽车。"2021年5月12日，他在推特上写道："特斯拉电动汽车的销售暂停比特币的付款方式。比特币挖矿导致化石燃料尤其是煤的消耗（用于发电）急剧增加，而煤是最恶劣的大气污染源。加密资产（虚拟货币）本身是一个不错的创意，具有一定的前景。但是，若是以加重环境的负担为代价，那就不值得提倡。"

此言一出，比特币的价格急转直下。因为股民们担心特斯拉会大量抛售比特币，导致特斯拉的股价也是一落千丈。全球市场乱成一团，这与马斯克2018年披露特斯拉私有化而导致的震荡如出一辙。

美国投资银行摩根大通明确断言："今后比特币还会持续下跌。"随机应变本就是马斯克所擅长的，特斯拉的起伏勉强还能接受，而虚拟货币一旦下跌就是一泻千里，后果不堪设想。

■ "推特自导自演"的困惑

我们综合上述事例来看，马斯克貌似极易感情用事，某些言行甚至有些幼稚。不过，或许这是他有意为之，或者说是某种策略。结合马斯克对比尔·盖茨的评论，我们试着对他的"策略"做一斑之窥。

2020年2月5日，比尔及梅琳达·盖茨基金会宣布捐款1亿美元用于抗击新冠肺炎疫情。该基金会由盖茨夫妇共同创办，资产高达1 300亿美元，是全球最大的慈善机构。2021年5月，比尔·盖茨和梅琳达离婚的消息震惊全球。不过，二人继续共同经营慈善事业，因此基金会的名称没有改变。

基金会捐款1亿美元的消息一出，马斯克免不了被媒体拿来比较，甚至遭到质疑："比尔·盖茨出手大方，同为亿万富翁，你就袖手旁观？"

　　对此，马斯克当然予以反驳："我捐了不少口罩和呼吸机，而且还向研发疫苗的德国公司CureVac融资。当然，这家公司比尔·盖茨也投资了。"

　　有趣的是，在个人生活方面，马斯克也时常被拿来与比尔·盖茨相提并论。当比尔·盖茨和梅琳达宣布离婚时，马斯克的情感史又被炒成热点。在和第二任妻子妲露拉·莱莉于2016年再度离婚后，加拿大歌手格莱姆斯（Grimes）成为马斯克的新欢，并于2020年为他诞下一名男婴。

　　马斯克于2020年7月30日发布推文："关于我和比尔·盖茨是恋爱关系的谣言纯属无稽之谈。"鉴于内容匪夷所思，我认为这更像是他的一种"策略"。

　　结合当时比尔·盖茨捐款1亿美元以及媒体指责马斯克毫无作为的背景，以"恋爱关系"这样的八卦新闻转移社会的关注点，才是马斯克发布推文的真正用意。

▓ 为什么把盖茨称为"傻瓜"

平心而论，埃隆·马斯克和比尔·盖茨完全是两种风格。

盖茨喜欢保时捷汽车，对电动汽车兴趣寥寥，甚至公开表示："绝不坐特斯拉的电动汽车。"

尽管抛出"恋爱关系"的言论，马斯克并未手下留情："比尔·盖茨屡屡提及环保问题，却对近在身边的电动汽车既不理解，也不关心，和傻瓜（knucklehead）没什么两样。"而且，在点评盖茨的时候，马斯克常用"傻瓜"一词形容对方，毫不担心把彼此关系弄僵。

不过，在我看来，这是马斯克的刻意为之，也展现出他的独到之处。正是基于对盖茨才能和功绩的了解，他才故意这么说。世间对盖茨的负面评价本就不少，马斯克表现出敌对的姿态，俨然"反盖茨派"的代言人。如此一来，这也显得自己与盖茨等老牌富豪有所区别。

■ 技术之王的头衔

在特斯拉，马斯克的职务是首席执行官兼特斯拉技术之王（Technoking of Tesla）。后者是2021年3月15日新增的头衔，但是并没有明确的定义。而且，崇尚身先士卒、亲历一线的马斯克在公司没有自己的工位，也不领取薪水。确切地说，根据总部所在地加利福尼亚州的规定，特斯拉先支付马斯克最低年薪3.5万美元，然后马斯克将薪水全额退还公司。

至于为什么从早到晚"无偿"工作，马斯克解释道："等到全世界的人都开上电动汽车、地球环境得到改善的时候，我再领取报酬。如今我仍需努力，因此我不能心安理得地接受任何工资、奖金和股票等。"

如此心怀天下的言论自然使得马斯克人气暴涨。不过，从另一个角度来看，这何尝不是以美好的愿景笼络人心，有操纵舆论之嫌。

伯克希尔·哈撒韦是全球最大的投资公司，总裁沃伦·巴菲特和副总裁查理·芒格（Charlie Munger）对马斯克的评价倒是出奇地一致："埃隆·马斯克常有惊人之语，难免会被批评过于自信。不过，他的言行并非一无是处。而且，他总能从不被社会重视的小处着手，挖掘出令人意想不到的大业务。虽然我们不会录用马斯克这样的人，但是这类人绝不可轻视。"

马斯克在社交网络平台呼风唤雨，"英雄"事迹层出不穷。在我看来，马斯克的言论不能单纯从表面解读，而是应该结合发言的背景，从字里行间揣摩他真正的意图。

而且，我们如果只盯着马斯克的言行本身，就不容易认清他的本质。马斯克不仅是美国企业家，更是引领全球业务的业界领袖，必然与美国及各国的政要交情匪浅。因此，马斯克的政治立场及动态同样值得重视。

▓ 与中国的蜜月期

提到与国外建立联系，马斯克很早就开始关注中国。前文提到的上海车展抗议活动虽然算不上好消息，却也说明特斯拉电动汽车已经打入中国市场。

2018年5月10日，特斯拉（上海）有限公司成立，这也是中国第一家外商独资汽车公司。虽然这是基于中国政府取消外商占股不得超过50%的限制，归

根结底还是中美贸易摩擦的推动。由于美国下调中国
车辆的进口关税，中国也相应放宽外资对汽车制造业
的占股限制。毫无疑问，此中免不了有马斯克与美国
前总统特朗普的暗中运作。

　　2019年1月，特斯拉开始在上海临港新区建立超
级工厂Gigafactory 3，全称是"特斯拉上海超级工
厂"。当年12月，工厂开始生产Model 3。

　　关注环保问题的中国政府对特斯拉电动汽车颇为
重视，出席Gigafactory 3开工仪式的马斯克还被请
进中南海。"我希望能把特斯拉上海工厂打造成全球
范例。"马斯克说，"我非常热爱中国，愿意多到这
里来。""如果你确有这个想法，我们可以向你发放
'中国绿卡'。"李克强说。①

---

① 特斯拉停在紫光阁外，李克强当面提到给马斯克发"绿卡"，
　中国政府网，2019年1月10日。

■ 中国境内出现特斯拉的对手

据统计，2020年特斯拉的全球销量约为50万辆。其中，中国销量占20%，即10万辆左右。毫无疑问，中国是特斯拉的最大市场。而且，特斯拉上海超级工厂雇用中国工人，也向中国传播技术，这对马斯克和中国来说是双赢。

随着与中国越走越近，马斯克受邀成为清华大学经济管理学院顾问委员会的一员。作为中国顶尖学府，清华大学重视对工商管理硕士（MBA）的培养。2020年，为了深化对管理学的研究，清华大学经济管理学院顾问委员会成立，广招全球各地的专家和企业家献计献策。不少知名企业的首席执行官被网罗其中，比如苹果公司的蒂姆·库克（Tim Cook）、麦肯锡咨询公司的多米尼克·巴顿（Dominic Barton）、高盛集团的劳埃德·布兰克芬（Lloyd Blankfein）、索尼公司的出井伸之以及软银集团的孙正义等。

不过，尽管马斯克和中国正处于"蜜月期"，但特斯拉的发展并非顺风顺水。首先，特斯拉电动汽车的产量呈下降趋势，其中自然有上海车展风波的影响。此外，特斯拉在中国的竞争对手也浮出水面。

根据我的观察，上海等大城市的很多购物中心设有电动汽车的展厅。率先打入中国市场的特斯拉自不必说，本土品牌也分外醒目，比如蔚来汽车、小鹏汽车、理想汽车等。

对广大中国消费者来说，特斯拉的定价偏高，一辆Model 3约为30.9万元。相比之下，中国制造的电动汽车售价不到一半，甚至还有仅售28 800元的迷你车型。本土品牌如雨后春笋般涌现，中国的电动汽车市场已经步入残酷的过度竞争时代。

2021年4月，特斯拉在中国的销量为25 845辆，相比上个月下降27%。由于消费者对车辆的安全性日益关注，中国政府也介入调查，自然引起市场的波动。

鉴于"特斯拉的车载摄像头可能被用于间谍活动"，中国政府禁止特斯拉的车辆进出政府机关和军事设施。如芒在背的马斯克赶紧予以澄清："间谍活动绝不可能，万一真的存在，可以立即中止特斯拉在中国的生产。"综上所述，特斯拉在中国绝非一帆风顺。

▇ 来自印度的邀请

随着中国市场的竞争日趋白热化，马斯克不得不未雨绸缪，于是把目光投向印度。

受新冠肺炎疫情的影响，印度40年来高歌猛进的国内生产总值（GDP）首度下滑，但不论是从人口还是经济规模来看，其前景依然可期。出于对能源问题和环境保护的关注，莫迪（Modi）对电动汽车青睐有加，因此诚邀特斯拉入驻印度。在他看来，印度完全可以打造与特斯拉上海超级工厂相媲美的工厂。考虑到低廉的土地租金和劳动力，印度应该具有吸引力。

对马斯克来说，这样的长远规划何乐而不为。于是，双方一拍即合，特斯拉于2021年1月注册成立特斯拉汽车印度及能源私有公司。而且，特斯拉在印度南部卡纳塔克邦建厂的计划也提上日程，马斯克由此打开全新的市场。

不过，对马斯克来说，当务之急并不是开拓市场，而是保证资源。

正如本章所述，锂电池的生产离不开锂和镍。为了保证镍的稳定供应，特斯拉早早与法属新喀里多尼亚政府签约，中国的新兴企业也在关注该国。因此，特斯拉与中国企业围绕电池原材料的争夺时有发生。

无法坐视不理的马斯克自然积极寻找新的供应渠道。而且，他的脑海中一定浮现出俄罗斯总统普京的名字，因为俄罗斯是世界镍矿储备第一大国。我在第1章提过，马斯克曾在音频社交软件Clubhouse向普京示好，寻求镍矿的合作或许就是他的一大动机。

资金其实来自税金

话说回来，中国不仅看重特斯拉的技术，对SpaceX也是格外关注。为了探索月球，中国举全国之力加快航天事业的开发。尽管在2021年5月15日实现火星探测器的成功登陆，但是中国在火箭回收利用的领域还是空白，自然对SpaceX的技术充满好奇。于是，在宇宙开发方面，马斯克也少不了与中国打交道。

不过，SpaceX是美国政府的掌上明珠。若非当初美国国家航空航天局豪掷15亿美元，SpaceX能否生存至今都未可知。我认为，单从这点来看，SpaceX可能不会与中国合作。

何况，马斯克本身善于募集资金，而美国国家航空航天局等政府机构最为慷慨。按照"反马斯克组织"的说法，"马斯克好歹具有工科背景，糊弄那些不懂技术的达官显要自然不在话下。于是，美国联邦政府和州政府的资金源源不断地涌向马斯克。换言之，他的事业之所以能够发展壮大，靠的还是平民百姓缴纳的税金"。

众所周知，马斯克没有明确的党派倾向。共和党也好，民主党也罢，只要对自己的事业有利，他都乐意资助。

以2021年的美国总统大选为例，马斯克对特朗普和拜登两边下注，对外从不表态自己支持哪一方。反正，他凭借自身强大的财力足以雨露均沾，无论哪一方当选对他都是有利而无害的。不过，严格来说，他还是对拜登的阵营更为用心和投入。具体表现为，他把特斯拉的一名董事派往拜登的竞选大本营，专门负责集资事宜。

而且，在拜登胜出之后，马斯克积极为新政府的能源政策建言，从中也为自己争取利益，毕竟环保领域本就是他的强项。于是，拜登大手一挥，为期八年、分两步走的2万亿美元基建计划就此出炉。其中，有半数（1万亿美元）用于促进电动汽车推广的充电站建设，以及援助清洁能源产业。

按照拜登政府的方针，先从政府开始替换电动汽车，比如消防车、邮政车辆等。可想而知，这1万亿美元会有不少流向与马斯克有关的企业。

此外，纽约州为SolarCity的新项目提供破格优待：拨款7.5亿美元，每年工厂土地的租金象征性地收取1美元，10年免税。在此激励下，其他各州纷纷效仿。"希望SpaceX的研发及发射中心可以建在我们州。"内华达州和得克萨斯州争相派出官员和议员造访马斯克的住处，开出500万美元投资、15年免税的优厚条件。

诚如"反马斯克组织"所言，他善于将美国的税金引为己用，高举保护环境和能源的大旗让人无可反驳，结果却是为自家公司谋利。

▊ SpaceX和美国的太空军

在本章的最后，我索性把SpaceX与美国政府之间的关系挑明。

尽管明面上发展电动汽车和太阳能发电是马斯克的盈利点，其实"用于军事"才是马斯克最大的盈利点。

前文曾经提及美国国防部高级研究计划局，该局即下设先进技术办公室，具体负责项目的实施。SpaceX正是与该办公室合作研发新型通信卫星。

截至2021年4月，SpaceX的"猎鹰9号"火箭3年间将1 445个通信卫星送上太空。此举旨在连接各星球，这些卫星因而得名"星链"（Starlink）。然而，如今美国国防部高级研究计划局正在研发的卫星主要用于监视行人、车辆和无人机，显得格外神秘。

2019年12月20日，美国时任总统特朗普宣布着手组建"美国太空军"，尽管对外宣称主要目标是太空防御，但多少有与中国和俄罗斯争夺太空霸权的意味。不管怎么说，这是美国国防部高级研究计划局与SpaceX合作研究的起源。

　　美国2021年度军费预算为7 530亿美元，在4.8万亿美元的国家财政预算中占比约15%。投入如此之高，自然引得马斯克跃跃欲试。

　　以往的军费预算大多流向传统军工企业，比如洛克希德·马丁（Lockheed Martin）、雷神（Raytheon）等。这些公司主要生产武器、战斗机、军舰等"硬件"，而今后的预算主要投向"软件"，即人工智能在军事领域的应用。因此，马斯克领导的SpaceX想必也能分得一杯羹。

第 3 章

鲜为人知的与日本的联系

马斯克会说的两个日语词汇

提到马斯克与日本的交集，我首先想到的就是前泽友作的绕月旅行。

凭借日本服装电商平台ZOZOTOWN（走走城）的成功运营，前泽友作入选福布斯财富排行榜，并且在日本籍富翁中列第30位。2018年9月，他成为第一位与SpaceX签约月球旅行的顾客。在记者发布会上，前泽友作骑坐在马斯克肩头的一幕至今令我难忘。同为青年企业家，二人也是惺惺相惜。据悉，月球旅行将于2023年起航。

其实，马斯克与日本的渊源可以追溯到他在南非读小学的时期。由于早产，年少的他身材瘦小，时常被周围的孩子欺负。有一次他被人从楼梯上推下来，然后被救护车紧急送往医院。当父亲赶到医院时，马斯克的脸已经肿得厉害，以至于父亲都认不出自己的孩子了。

为了自保和抗争，马斯克苦练日本的格斗技巧，常常出入空手道和柔道的道场。因此，"道场"一词也被刻在他的记忆深处。每当着手实施长远规划，例如启动新项目时，马斯克就说："在道场。"在推特上发文，他会直接写出"道场"的读音"Dojo"。我以他的一篇推文为例，"Dojo, our training supercomputer, will be able to process vast amounts of video training data"（我们用于培训的超级电脑还在道场，将来它可以处理大量的视频培训信息）。

此外，如果业务受阻，他会用日语"切腹"（Seppuku）来形容心情。我还是以他的推文举例，"My mentality is that of a samurai. I would rather commit seppuku than fail"（我的内心住着一位武士，宁愿切腹也决不允许失败）。

而且，习惯看英语的读者可能看不懂"Seppuku"的含义，因此，马斯克有时还得做出解释："日本武士在承担失败的责任时就会切腹，这就是'Seppuku'。我一直抱着切腹的觉悟而努力工作。"

换言之，马斯克的意思是："无论特斯拉还是SpaceX，如果失败，我宁愿切腹。正是因此，我总是全力以赴地投入工作。"

"道场"和"切腹"也是马斯克人生的关键词。

▇ 日本动画带来的影响

少年马斯克时常窝在图书馆，对科幻小说爱不释手。除此之外，观看动画片也是他的一大爱好。因此，他与日本动画结缘也就顺理成章。

曾经有媒体询问马斯克喜欢什么动画，他列举《幽灵公主》（宫崎骏执导）和《新世纪福音战士》（庵野秀明执导）等，然后强调对《你的名字》（新海诚执导）情有独钟。在推特上，马斯克发过"Love Your Name"（大爱《你的名字》）的推文，并且附上预告片的链接。

在《你的名字》中，为了表示亲昵，很多角色的名字末尾被加上"酱"（chan）。例如，雪野百香里老师就被叫作"雪酱老师"。耳濡目染之下，马斯克也自称"埃隆酱"（Elon-chan）。在美国职业棒球大联盟的比赛直播中，日本明星球手大谷翔平常被解说称为"大谷桑"（Ohtani-san）。日语的"桑"（San）与英语的"先生"（Mister）类似，属于尊称。相比之下，马斯克的"埃隆酱"显然更让日本人感到亲切。

　　此外，人气颇高且被改编成动画、电视剧、游戏等的《狂赌之渊》（河本焰原作、尚村透作画）也深受马斯克喜爱，他曾经身穿《狂赌之渊》主题的T恤接受媒体的采访。

　　再以电影《阿丽塔：战斗天使》（*Alita：Battle Angel*）为例。这部动画电影虽然由美国导演罗伯特·罗德里格兹（Robert Rodriguez）执导，却是基于日本20世纪90年代连载的漫画改编而成的。由于这部电影的背景是地球和火星的太空战争，而且不乏赛博格等元素，使得马斯克观后大受震动。毕竟，SpaceX的火箭剑指火星，Neuralink研发的脑机接口试图实现"人的赛博格化"，两者均与电影的主题不谋而合。

▊ 表情符号与喜剧节目

　　毋庸置疑，马斯克比较喜欢日本文化。他常在推特分享自己对日本动画及游戏的欣赏。有趣的是，他还爱用表情符号。

2018年，因为散布特斯拉私有化的消息而被美国证券交易委员会起诉时，马斯克就发了一个愁眉苦脸的表情。2021年3月，面对造谣自己死亡的推文，马斯克发了一个大笑的表情以表态度。

"总发表情符号显得胡闹，还请谨言慎行。"尽管股东们屡屡告诫，但是马斯克毫无就此罢休的意思。毕竟，他以表情符号代替文字的发文风格颇受粉丝欢迎。

表情符号火遍全球，种类丰富。"Emoji"（绘文字）源于日语，如今也成为英文单词，而马斯克的表情符号追根溯源完全是受日本文化的影响。

2014年，马斯克访问日本，在与时任首相安倍晋三会晤之余，他还参加了民营电视台的综艺节目。在与搞笑艺人组合鸵鸟俱乐部合作出演喜剧时，马斯克笑容满面，似乎乐在其中。

漫画、动画、游戏、喜剧……南非出身的马斯克对相隔 14 000 公里的日本文化有所了解，他的这些表现是想证明自身兼收并蓄、胸怀宽广。除此之外，我实在想不出更好的解释。诚然，他对日本文化并非一知半解，但是一再强调自己造诣之高难免就有沽名钓誉之嫌。

因此，对于前泽友作入选月球旅行计划，我们也要冷静看待。作为民间组织的首次绕月旅行，马斯克为什么选中来自日本的前泽友作？马斯克是否另有盘算和谋划？前泽友作将月球旅行命名为"亲爱的月球计划"，并且面向全球招募八名同行的旅伴。

前泽友作本就抱有"飞向太空"的初心，与马斯克自然一拍即合。提到马斯克，前泽友作也是不吝赞美之词："对梦想念念不忘，并且努力付诸实现，这样的企业家放眼全球也是凤毛麟角。"

另一位日本创业奇才堀江贵文（日本知名门户网
站活力门前总经理）也对马斯克评价甚高。除了因同
样涉足航天事业而带来的惺惺相惜之感，在堀江贵文
看来，身为创业者的马斯克"要比常人付出2.5倍的
努力"，"只有马斯克才是当今第一企业家"。

▨ 背叛松下

软银集团的掌门孙正义对特斯拉电动汽车极为看
好，称其"前景光明"。而且，孙正义对太阳能发电
等可再生能源的开发利用素来大力扶持，自然与马斯
克存在相通之处。

软银愿景基金尽管在成立之初由软银集团100%
出资，但是之后也有沙特阿拉伯和阿联酋的政府基金

注入，这与马斯克吸引外国资本殊途同归。颇具讽刺意味的是，从毁誉参半的角度来看，马斯克与孙正义也颇为相似。

此外，乐天集团创始人三木谷浩史曾经提出虚拟货币"乐天币"。而且，他对马斯克投资比特币大加赞赏，表示自己从中看到不少值得学习的地方。

不过，马斯克与日本的关联主要还是企业，这以丰田和松下最为典型。

尽管中国汽车厂商强势抢占市场，但电动汽车领域的领头羊目前还是特斯拉。此中的关键正是前文多次提及的锂电池原材料。

2017年，松下与特斯拉联合开设工厂Gigafactory 1（位于美国内华达州），专门生产用于特斯拉电动汽车的电池。松下掌握核心技术，并且承担建厂20亿美元的费用。不过，在新设的上海工厂Gigafactory 3，组装的车载电池来自韩国的LG公司。因此，汽车行业的媒体和广大记者普遍认为，这是特斯拉对松下的"背叛"。

从零开始向他人学习，甚至可以偷师，一旦学成，对方就没有利用价值，之后就是自己放手去干。这是马斯克的一贯主张，所幸松下也从与特斯拉的合作中吸取教训。如今松下研发的新型电池不再是特斯拉专供，而是与其他公司的产品兼容。

▊ 为什么与日企格格不入

另一方面，锂、镍、钴等稀有金属的采掘和利用势必带来堆积如山的问题，例如资源枯竭、劳动负担过重、环境污染等。因此，特斯拉与松下渐行渐远，转而与丰田联手，研发不以稀有金属为原材料的新型电池。

　　尽管丰田总裁丰田章男频频向特斯拉示好，但是他深知电动汽车存在局限性。如果丰田只是专注于电动汽车的推广，相较于浩如烟海的日本汽车行业，结果也许得不偿失。

　　因此，尽管丰田与特斯拉的强强联合一度传得满城风雨，最后却不了了之。2010年，丰田出资5 000万美元买入特斯拉的股份，宣布双方共同研发电动汽车RAV4 EV。然而，该车型仅仅存在了4年便停止生产，丰田所持股份也在2017年全部卖还给特斯拉。

　　相比于埋头只做电动汽车的特斯拉，丰田选择截然不同的发展道路。一方面，丰田高调宣布与斯巴鲁合作，计划到2025年之前向市场投放15款电动汽车；另一方面，丰田大力研发氢气燃料电池汽车，以及使用汽油与电力联合驱动的混合动力汽车。

　　曾几何时，松下视特斯拉为重要客户，而且双方相互信任。然而，特斯拉轻易就把对方踢开，怎能让人放心与之合作？

不论是面对客户还是对待职员，日本企业都极为重视构建信任关系。与客户携手渡过难关，或者对职员全家关怀备至，这也是日企的传统。从这一点来看，不得不说马斯克为人过于凉薄。

特斯拉的工厂频发事故或灾害，安全保护措施形同虚设。员工不得不在恶劣的环境中超负荷工作，又不能领到与之匹配的薪水。于是，特斯拉离职率居高不下，内部举报层出不穷。虽然工会频频为劳动者的权益发声，但是马斯克充耳不闻，甚至语出惊人："无非是一群懒鬼自说自话而已……"

是否有心理解日本

虽然特斯拉与松下和丰田的关系渐冷，但是马斯克不以为意，他曾经宣称特斯拉在中国和印度有大把合作企业可选。毕竟，两国资源丰富。

此外，马斯克也曾表示："消费者的喜好并不重要，我只做自己认为好的产品。然后，消费者照着买就是了。"这与日本企业的传统思维截然相反。

马斯克不时表露出对日本文化的喜爱和理解，而他的经营理念则与日本模式背道而驰。

因此，无论是频频使用"道场""切腹"等日语词汇，还是喜欢漫画、动画、游戏、表情符号等，马斯克都是在利用日本元素"制造话题"。在我看来，马斯克并不是真心想要理解日本文化和日本人的心理。

第 4 章

马斯克的下一个目标

▌身联网的三个阶段

从物联网进化到身联网已是大势所趋，而马斯克创办的Neuralink正是身联网浪潮的领头羊。同时，以日本IBM（国际商业机器公司）为首，身联网业务也在日本展开。

在介绍身联网行业之前，我觉得有必要重新梳理与身联网相关的概念。

安德烈娅·马特维申（Andrea Matwyshyn）是宾夕法尼亚州立大学（需要注意的是，马斯克毕业

的是宾夕法尼亚"私立"大学）法学教授。2017年9
月，时任美国东北大学教授的她发表演讲，提出身联
网发展的三个阶段。

第一阶段：建立定量数据库。

第二阶段：人体内置。

第三阶段：湿件（Wetware）化。

第一阶段是建立定量数据库，指的是通过与人体
连接的设备读取血压、心跳、睡眠质量等数值，并且
形成数据库。事实上，具备此功能的可穿戴设备市场
有售，比如智能手表Apple Watch（苹果手表）和智
能戒指Oura Ring（乌拉戒指）。

这些设备可以读取人体数值，并且通过网络云等
方式建立数据库。如今，大数据分析已被用于各行各
业。例如，日本连锁便利店罗森通过名为Ponta的会
员积分系统分析顾客的消费记录，然后推荐合适的产
品。再如，日本寿司店寿司郎会给自家寿司的盘子扫

码，以此统计销量，预测大众的喜好。同理，大数据分析在人体健康管理领域也大有用武之地。比如，人们通过可穿戴设备读取血压等数据，或许可以预测并降低心脏病发作的风险。

伴随着新冠肺炎疫情的肆虐，疫苗的接种及升级也在有条不紊地推进。事实上，这也与定量数据库密不可分。对此，后文再做详细介绍。

■ 什么是湿件

关于第二阶段，马特维申教授曾以心律调节器为例加以说明。心律调节器是通过外科手术"安置在体内"的微型装置，可以把心脏的数据上传服务器。医疗机构以此观测客户的心脏状态，实现远程治疗。

按照马特维申教授的理论，文身型以及附在皮肤表层的粘贴型装置都属于第一阶段。不过，在我看来，文身型装置与人体紧密连接，定义为第二阶段或许更为合适。谷歌目前处于研发阶段的智能文身（Smart Tattoo）搭载传感功能，与通过触屏操作智能手机类似。此外，意大利技术研究院尝试把有机发光二极管（OLED）引入智能文身，从而更好地把握人体的健康状况。

综上所述，身联网发展的第一阶段和第二阶段已有不少实用的成果。相比之下，第三阶段且不说付诸应用，连初始实验都举步维艰。目前，仅有马斯克领导的Neuralink向该阶段迈进，即研发嵌入人脑的脑机接口。

就在马斯克宣布成立Neuralink的2017年，马特维申教授提出身联网三个发展阶段的理论。因此，马特维申教授对马斯克的身联网经营理念想必有所了解。

人体内置与湿件的区别仅仅在于装置是否设在脑

内。大脑内部毛细血管星罗棋布，血液因此源源不断地流通，处于"湿润"的状态。尽管脑科学已经取得长足的进步，但是人类对于头脑的认知依然存在大量空白。因此，嵌入脑中的脑机接口不能以传统的软硬件作定义，"湿件"的命名最为准确、形象。

谷歌的Nest Hub和Fitbit

身联网行业不断急速扩张，已经渗透到人们的日常生活。以智能手表Apple Watch为代表，具备监测心电图及血液含氧量功能的新型产品层出不穷。在日本庆应义塾大学附属医院，Apple Watch已被用于临床研究。借助Apple Watch的心电图数据分析，医生可以分析患者心律不齐的诱因，从而更好地把握患者的状况。

此外，谷歌研发的Nest Hub尽管不属于可穿戴设备，但基于人工智能分析用户声音的独特功能，还是赢得"智能显示"的美誉。假如放在枕边，Nest Hub可以监测睡眠时的鼾声、呼吸、翻身等状态，继而给出有利于身体健康的建议。

而且，谷歌并未就此停下开拓身联网业务的脚步。2021年1月，谷歌斥资21亿美元，成功收购美国消费电子产品和健身公司Fitbit。

Fitbit被誉为"可穿戴设备的先锋企业"，尤其擅长研发可作为"健身教练"的智能手表和运动手环。监测心跳数自不必说，用户还可以为跑步、游泳等设定训练指标，并且实时查看完成度。如今，Fitbit的各类功能已被谷歌整合到面向安卓用户的手机应用Google Play中。

此类可穿戴设备日益获得认可，具体表现为越来越多的消费者选择购买。同时，引人注目的是，许多企业把它列为对员工的奖品。根据调查结果，企业越

是关心员工健康、奖励此类产品，员工的离职率就越
低。因此，伴随这样的良性循环，身联网行业茁壮
成长。

■ "口服型"的身联网技术

关于身联网发展的第二阶段"人体内置"，我需
要提一下数字药丸。

数字药丸内置超小型感应器，可以传输数据。因
此，无论是否开具处方，患者均可服用。既然是服
用，数字药丸当然属于"人体内置"，而且无须外科
手术。

美国在1957年启动对数字药丸的理论研究，步
入20世纪90年代以来成果显著，为此赢得美国食品
药品监督管理局的嘉奖。2017年11月，美国食品

药品监督管理局第一次审批通过数字药丸。值得一提的是，该"新药"由日本大塚制药公司与美国数字医疗服务公司Proteus Digital Health（以下简称Proteus）共同研发。

Proteus的强项是打造如沙粒状大小的微型感应器，而研发精神疾病类药物是大塚制药的看家本领。因此，两者强强联合推出的新药Ability MyCite迅速通过美国食品药品监督管理局的认证。

数字药丸在服用之后会在胃中溶解，然后，感应器开始监测胃酸。借助粘贴在皮肤上的贴片，数据也被传入网络云以便分析研究。而且，感应器可以被人体吸收并自然排出体外。

之后，由于经营不善，Proteus一度濒临破产。2020年8月，大塚制药通过竞拍成功收购Proteus，积极探索今后的发展方向。

▌疫苗的陷阱

数字药丸的普及率并不高，仅丹麦、澳大利亚、新西兰、以色列等国推出奖励政策，鼓励民众服用以方便政府采集数据。

换个角度来看，智能手表也好，数字药丸也罢，采集人体信息并建立可视化的定量数据库是存在隐患的。正如前文所说，大数据分析已被用于各类预测。

身联网技术固然可以借助大量数据预测人们的行为模式，反过来也不能排除存在操纵人心的可能。

比如，接种疫苗已经成为全球的共识。疫苗本身不属于身联网的概念，但从"建立定量数据库"的角度来看，各国统计阳性患者的活动轨迹、推广疫苗护照都没有脱离这个范畴。

由于可以证明疫苗的接种历史以及核酸检测（最常见的是荧光定量PCR检测法）的结果等，疫苗护照已是出行海外和进入大型设施的必备要求。而且，多数国家采用的是数字证书的形式，民众可以下载并保存到手机上。

例如，为了打破乘客锐减的困局，国际航空运输协会（International Air Transport Association，简称IATA）积极引入疫苗护照。此外，以色列强制要求旅客入住酒店时必须出示疫苗护照；美国纽约州推出名为"Excelsior Pass"的疫苗护照，以二维码显示持有人的接种历史。日本经济团体联合会也敦促政府采取类似行动。综上所述，伴随着疫苗接种的全球普及，世界范围的"定量数据库"也在扩充。

尽管马斯克起初宣称"新冠病毒与以往的禽流感没什么两样"，但是随着新冠肺炎疫情的肆虐，他逐渐改口。

在Clubhouse的讨论中，马斯克表示："我对疫苗本身并不反对。事实上，我已经接种疫苗，也赞成它的全球推广。"话虽如此，他随后却向参与讨论的用户搜集反馈信息，美其名曰"了解围绕疫苗的各类需求"。这意味着马斯克是在涉足疫苗的研发，还是意在挖掘以人工智能跟踪疫苗接种情况的新商机，时间自会给出答案。

▍令人不快的事实

令人遗憾的是，日本、美国和欧盟等对拒绝接种疫苗的国民并不友好，舆论也是频频造势。

我们对新冠病毒的了解尚不全面，已有的疫苗也在升级，为什么还要火急火燎地采用美国的辉瑞（Pfizer）和莫德纳（Moderna）？而且，当前mRNA（信使核糖核酸）疫苗盛行全球的依据又是什么？对于眼下的形势，我们需要冷静看待。

诚然，人类的历史离不开与疫情和传染的抗争，今日的发达都是克服以往种种困境的结果。不过，审视这次新冠肺炎疫情，我对接种美国疫苗的措施心存疑虑。

虽然并未见诸明文报道，但不可否认的是，包括辉瑞、莫德纳和强生（Johnson）在内的美国大型制药公司在总统竞选时对拜登都多有捐赠。尽管这些制药公司对特朗普也下了注，但对拜登的资助足有4倍之多，达到590万美元。除此之外，对媒体广告等宣传活动，它们也是不惜投入重金。

对企业来说，付出是为了更好的回报。由于特朗普强硬要求下调药价，大型制药公司选择拜登也在情理之中。在美国，90%的医疗用品都是低价出售，制药公司的生存环境本就不容乐观。相比素来不按常理出牌的特朗普，认可新药研发的拜登显然更受大型制药公司的欢迎。

2021年1月22日，美国职业棒球大联盟本垒打记录历史排名第二、昵称"汉克"（Hank）的亨利·艾伦（Henry Aaron）去世。讽刺的是，在两周之前的1月6日，他刚接种新冠疫苗。而且，由于美国黑人的疫苗接种率不高，身为黑人的他积极呼吁，以身作则。尽管并没有直接证据表明他的离世与疫苗有关，但当地媒体在播报的时候还是不约而同地隐瞒了他不久之前刚接种疫苗的事实。大型制药公司自然不希望类似的负面新闻广为人知。

▌辉瑞前副总裁的爆料

mRNA疫苗仅仅不到一年便获得认证并且成为全球抵抗新冠肺炎疫情的主流，仓促上市以及强行推广的问题无可回避。

为什么疫苗如此仓促问世？为了全人类健康的大道理自然无可辩驳，但是，事实果真如此吗？

备受关注的mRNA疫苗被视为跨时代医疗的王牌，然而，正确评估它对人体的影响往往需要一到两年的时间，比如副作用等。此外，尽管专家学者一再否认疫苗存在副作用，但是这并不足以打消世人的疑虑。

恰在此时，辉瑞前副总裁兼科技总监迈克尔·耶登（Michael Yeadon）的爆料震惊全球。他在推特和YouTube同步发文，宣称"接种疫苗毫无用处"。而且，耶登语出惊人，指出疫苗在动物实验阶段的致死率极高，以及接种疫苗可能会导致人类夭寿，等等。

这样的猛料自然遭到专家、学者的全盘否定，然而耶登毕竟是辉瑞公司的高层，所谓的"不实信息"还是引得余波不断。人们不禁反思疫苗的安全性，毕竟现有公开的资料少之又少。

于是，我对辉瑞现任高层的表态格外关注。辉瑞的首席财务官（CFO）弗兰克·达梅利奥（Frank D'Amelio）曾在视频会议软件ZOOM上接受美国记者李方（Lee Fang）的采访：

达梅利奥："希望大家可以接种疫苗三次。"

李方："当前美国只要求接种两次，为什么还要接种第三次？"

达梅利奥："（再增加一次）辉瑞就能赚得更多。"

日本厚生劳动省的某医务官曾在私下对我说："按照目前的形势来看，我不建议打美国产的疫苗。"

对美国大型制药公司来说，这也是"令人不快的事实"。

在此，我谨向各位读者朋友呼吁：对漫天飞舞的新闻保持警惕，无论何时都不要失去自身的判断力。

▓ 美国政府的国民管控计划

"定量数据库"被各大企业玩得风生水起，政府自然也不会放过这个利器。

美国国土安全部（Department of Homeland Security，简称DHS）宣称，到2022年底，至少采集2.59亿人的生物特征识别数据。

"生物特征识别"（Biometrics）是"生物学"（Biology）与"识别"（Metrics）的合成词。我们也可以将其理解为"生物统计学"，简而言之就是"通过身体特征确认某人就是本人"。

搜集并建立个人DNA（脱氧核糖核酸）、面貌、指纹、视网膜等定量数据库，终极目标是打造管控美国国民的系统，这便是美国国土安全部鼎鼎有名的"国土先进识别技术"（Homeland Advanced Recognition Technology，简称HART）计划。该系统采用亚马逊的网络云存储信息，由军工企业诺斯洛普·格鲁门（Northrop Grumman）搭建及维护。

美国国土安全部引入该系统是出于抵御新冠肺炎疫情的需要，以便掌握人口的流动情况，防止传染进一步扩大。不过，这只是美国对外的解释，实际上这是在与中国暗中较劲。众所周知，中国利用智能手机的相关功能已在国内全面铺开个人认证。

该系统标榜实现人脑与人工智能的连接，可以24小时监测个人的健康状态。倘若指标异常，该系统就可以及时干预，人们就可以防患于未然，因此可以节省医疗开支。

此外，美国于2021年1月14日启动疫苗接种认证项目，即"疫苗接种证书倡议"。基于前文介绍的疫苗护照，微软和甲骨文等大型互联网企业、大型制药公司、洛克菲勒等财团共同组建联盟，倡导将电子证书作为国民接种疫苗的凭证。此举也有向身联网行业投石问路的意思，或许可以从尚不明朗的潜在市场中发现巨大的商机。

达沃斯会谈和身联网行业

身联网行业生机勃勃，自然不乏为之摇旗呐喊的各种组织。

为了促进各国政治、经济、学术等领域的交流，世界经济论坛于1971年成立。论坛每年组织一次会议，专门讨论各类全球性的课题，而且时间地点大多是1月的瑞士滑雪胜地——达沃斯（Davos）。因此，"达沃斯论坛"的名字更为大众所知。

2021年，鉴于新冠肺炎疫情的肆虐，达沃斯论坛从往常的1月延期到5月，之后再度延期到8月，最后不得不宣布取消。取而代之的是2021年1月的在线对话"达沃斯议程"（Davos Agenda），主题是"伟大的重启"（The Great Reset）。

自1971年世界经济论坛成立以来，原籍德国的经济学家克劳斯·施瓦布（Klaus Schwab）便长期担任主席。巧合的是，"伟大的重启"也是他某部著作的书名①，之所以被用作2021年会议的主题，有人说是社会学家理查德·佛罗里达（Richard Florida）的建议，也有人说是比尔·盖茨的主张。总之，社会的各行各业渴求从根本上审视自身。

对此，世界经济论坛的董事李·豪厄尔（Lee

---

① 即《后疫情时代：大重构》（*COVID-19: The Great Reset*），于2020年由中信出版社出版。——编者注

Howell）呼吁："我们必须认识到，如果脱离政府、企业以及社会的合作，当今世界的大部分问题难以解决。新冠肺炎疫情从根本上打破了以往的体系，也让我们意识到，这些体系大多无法维系，需要从本质上进行改革……这便是'伟大的重启'，眼下也是绝佳的机会。重新审视现状，在对下一代负责的同时整合当今全球人类的需求，构建更加公平、亲近自然的未来，由此实现'伟大的重启'。"

施瓦布教授此前提出"第四次工业革命"的概念，由于其中预言身联网时代的到来，所以值得玩味：到2025年底，具备数据传输功能的设备既可以外置，也可以安装在体内。由此，人类接触信息的速度、数量和范围大为跃进。

尽管施瓦布没有明确提到"身联网"一词，但他畅想的内容合乎本书对身联网的定义。而且，发展身联网的成果之一势必是推动"伟大的重启"。

▮ 从根本上颠覆世人的价值观

"伟大的重启"备受施瓦布及世界经济论坛的推崇。一方面，它包含经济、社会基础、环境、技术、产业、企业及个人等广域的"重启"；另一方面，新冠肺炎疫情的肆虐使得这些重启不仅势在必行，而且迫在眉睫。于是，出席达沃斯会谈的各国领导人纷纷摇旗呐喊，"伟大的重启"由此成为时代主流，身联网行业顺势兴起。

第1章提及的兰德公司同样重视身联网技术，并且积极展开研究，尤其是在个人信息管理及生物特征识别领域。美国国土安全部曾信心十足地表态，"到2022年底，至少采集2.59亿人的生物特征识别数据"，其底气正是来自兰德公司的研究成果。

如果贸然要求采集个人生物特征数据，恐怕人人都会反对。不过，若是打着"预防病毒传播"的旗号，民众的抵触情绪就会缓解许多。所以，从这个意义来说，"疫情使得'伟大的重启'提速"。

而且，由于从根本上颠覆了世人的价值观，"伟大的重启"也是身联网技术从第一阶段迈向第二阶段、从第二阶段转到第三阶段的强力推手。各方舆论积极宣传人脑与人工智能的融合，久而久之，人们或许不再排斥在脑中安装设备，甚至认为这是理所当然。

对马斯克来说，这或许就是他翘首以待的商机。

▓ 军队、传染和安全保障

身联网技术在军事领域的应用在第1章略有提及，而本章涉及的疫苗同样与军事密切相连。

　　细菌武器的研究早在第二次世界大战之前便已萌芽，比如臭名昭著的日本731部队、纳粹集中营的人体实验。因此，当今社会各类新型细菌武器的问世也不足为奇。

　　为了预防细菌武器的侵害，美军把研发疫苗视为头等大事。同时，训练及培养具备高抵抗力的士兵也成为当务之急。

　　2006年，为了在大面积传染发生之前及时发现征兆并予以干预，美国国防部启动"健康及疾病预测"（Predicting Health and Disease，简称PHD）项目，并将其置于攸关国家安全的重要战略地位。

　　2010年，美国国防部高级研究计划局启动专项研究，为此积极向美国几家知名大学拨款。例如，美国国防部高级研究计划局赞助杜克大学是为了研究传染病给血液带来的基因变化，投向斯坦福大学的经费则被用于预测病毒传播路径、建立手机等媒介的信息服务系统。

基于上述研究的成果，美国国防部高级研究计划局于2014年启动"生物体内纳米平台"（In Vivo Nanoplatforms，简称IVN）项目。顾名思义，该项目是在"生物体内"（In Vivo，拉丁语）安装微型设备。例如，在脑中嵌入微型芯片，以此检测大脑对传染病的反应，这可以视为Neuralink研发的脑机接口的雏形。

此外，美国国防部高级研究计划局与美国国立卫生研究院联手，共同为制药公司Profusa的新型疫苗研究投资。而且，美国国防部高级研究计划局还与谷歌合作开发全国范围的"接触者追踪"系统。可以说，如今疫苗护照的问世正是立足于这些研究成果。

更有甚者，打造对病毒抗性强的基因、培养"新人类"的"人工染色体"（Human Artificial Chromosomes，简称HAC）研究也已启动。主导该研

究的私立大学同样获得国防部高级研究计划局先进
技术办公室的资助。

　　而且，美国国防部高级研究计划局也把这群"新
人类"称为"具备新陈代谢优势的士兵"，旨在帮
助他们克服空腹、疲劳、恐惧等的药物也在研发之
中。服药的士兵可以激发潜能，如"超人"一般无所
不能。

　　与之相似，马斯克也倡导人脑与人工智能的融
合，并且把"赛博格化"的人形容为"具备新陈代谢
优势的战士"。不知马斯克对美国国防部高级研究计
划局的上述项目是否了解，可以肯定的是，尽管二者
方法有别，方向却是一致的。

　　不管怎样，Neuralink研发的脑机接口在2020年
左右引起了美国国防部高级研究计划局的注意。用小
白鼠的大脑来做实验，最终目标是控制人脑。基于这
样的前提，各类军事应用的研究就此展开。例如：队

友们在战场上可以凭意念交流并联合行动；无人机不再依赖通信设施，仅凭脑电波即可操作；最厉害的还是侵入敌军的思想——士兵自然不在话下，关键是可以干预敌方指挥官，影响对方下达指令。

▌五角大楼与身联网其乐融融

美国国防部（总部位于五角大楼）耕耘身联网领域多年，长期的投入与实验逐渐取得回报。2019年6月，基于红外线感应技术的实验取得成功，具体表现为：可以捕捉到200米外人体（穿着衣服时）的心电波，且正确率超过95%。该技术的应用范围极为广泛，医院自不必说，还可以用于作战时检测本方的伤亡情况。

美国国防部高级研究计划局每年举办官民合作技术交流会，我时常出席，且总有惊喜。例如，利用老旧轮胎发电，向猴或猪的体内移植人体细胞，通过人工材料培植脏器移植……

　　每次大会云集全球的投资家和企业家，展示新颖技术的同时也是在发掘未来的商机。其中，最受关注的还是面向消费者的身联网技术，以下列举一些最新的研究成果。

　　①**提醒注意的设备**：监视大脑及眼睛动态的眼镜，堪称最新型的可穿戴设备。研发的初衷是作战的需要，也可用于学校管理学生，或者提醒驾驶中的司机集中注意力。美国麻省理工学院已经接受委托，着手相关商品化的研究。

　　②**植入型感应器**：又被称为"细胞内生物感应"。由于感应器是注射到人体内的，其准确度应当高于现有的可穿戴设备。基于对葡萄糖、盐分、酒精等消耗的实时监测，感应器可以24小时保障个人健康。

③**带感应器的衣服**：可以实时监控体温、血流等，而且可直接穿戴。若能作为婴幼儿的尿布使用，父母就可以轻松掌握孩子的肠胃消化状态，即便他们还无法用语言表达。

④**联网的家具**：使得家具和家电产品也参与家庭管理，保障主人和宠物的健康。例如：抽水马桶可以分析尿液中的糖分；体重计不仅显示体重，还能反映体内的水分以及肌肉含量。

⑤**带感应器的床**：分析睡眠中的身体状态，采集与睡眠时间及质量相关的数据。

⑥**植入型微管**：嵌入皮下的装置，从原本用于宠物的微管进化而来，旨在应对衰老导致的记忆力减退。该功能可以帮助记忆人名、地址、人际关系等，方便用户与他人的交流。与智能手机的相关功能类似，该功能可以借此开关门或付款。该功能也被用于分析人际交流时的状态，比如精神、表情、声音等。

⑦**辅助视觉、听觉**：2017年，带摄像及无线联网功能的镜片在美国获得专利认证。听觉辅助装置与之类似，都是为了方便用户的感知及行动。

⑧**健康追踪装置**：通过手镯、手表、戒指等搜集和分析人体信息，比如心肺功能、睡眠质量、酒精摄取等，并通过手机应用实时呈现。

⑨ **装在脑中的脑神经刺激装置**：通过电波的刺激增强大脑活力，对于缓解慢性头痛、情绪低落、注意力不集中、创伤性应激障碍（PTSD）等具有奇效。

马斯克何去何从

新技术和新设备层出不穷，有助于减少医疗开支。然而，黑客行为的隐患也被摆上桌面。

政府主导的实验及研究不断取得进步，身联网技术前景可期。但是，与之相关的安全防护并没有跟上发展的脚步。因此，我们务必谨慎小心、严阵以待。

马斯克是否支持美国国防部主导的技术研究用于军事，是否为各国政商名流宣传的"伟大的重启"推波助澜？在我看来，对这两者的回答都是肯定的。

第 5 章
马斯克描绘的未来

■ "我是社会主义者"

在马斯克看来，今后会发生怎样的变化？或者说，他希望怎样改变世界？

解读的关键在于他的言行。

"我是社会主义者！" 2018年6月16日，马斯克在推特高调表态，"真正的社会主义就是造福万民。"

他也不忘标榜自己："那些号称'社会主义者'

的人往往在大学任教，领取高昂的薪水……这样的归宿可真是讽刺，真正的社会主义者应该力主把国家的税金用于为全人类谋福利。"于是，他紧接着的宣言也就显得顺理成章："力争帮助人们将来定居火星，建设真正平等的社会。"

按照这个说法，马斯克自称"社会主义者"略显草率，并且不准确。众所周知，根据教科书的解释，社会主义与资本主义完全对立。简而言之，社会主义者就是以公平和平等的思想管理国家及社会的资产。

不过，马斯克所谓"真正的社会主义者"强调的是不为个人或小团体谋私，只为全社会、全国人民谋福利。基于这一点，政府预算应当妥善使用，否则就无法造福全社会。

在接受媒体的采访时，马斯克说："五角大楼也好，国防部其他分支机构也罢，美国的政府机构实在庞大。而且，不少机构手握超出10亿美元的预算，堪

比亿万富翁。然而，这些'亿万富翁'只有极少部分
把资金投向造福全社会的事业。基于'社会主义者'
的理念，我竭尽所能，只为促使（丰富的）国家预算
得到平等且合理的使用。"

这招偷换概念颇为高明。马斯克通过更容易被对
方接受的方式输出自己的观点，这是他的拿手好戏。

既然如此，我们不妨看看马斯克这位"社会主义
者"如何描绘未来。

面向未来的学校

首先，我们把目光投向马斯克的个人生活。

2020年5月4日，女友格莱姆斯为马斯克诞下男
婴，取名"X Æ A-12"。不过，由于"Æ"的取名

不符合加利福尼亚州的法律，最后拿到的出生证明写的是"X AE A-12"。

这个名字在推特上公布之后，引得舆论一片哗然："过于奇特""怎么念""取名的理由是什么"……

最后，还是格莱姆斯给出答案："X代表未知，Æ（A和E的合写）是精灵语对AI的拼写。在中文和日语中，AI的读音与爱相同。A-12是战略侦察机SR17（马斯克和格莱姆斯最喜爱的飞机）的前代机型，本身并不装载武器，也不具备防御力，只是速度极快，尽管具有极高的军事价值，自身却没有破坏力。"

马斯克和第一任妻子贾斯汀育有五个儿子——确切地说应该是六个，只不过长子在10个月时夭折。在与贾斯汀商议之后，夫妻俩尝试体外受精，于是分别诞下双胞胎和三胞胎。截至2022年，双胞胎儿子已有18岁，三胞胎则是16岁。

2014年，在孩子们年纪尚幼的时候，马斯克开办私立学校Ad Astra。校内除了自己的五个儿子，还有特斯拉与SpaceX的职工子女，有二三十名学生。学校没有学期之分，采取师生一对一教学模式。教学内容是人工智能和编程，而且学校主要以游戏的方式展开教学。

按照马斯克的理念，今后再无学习外语的必要，体育和音乐也属多余。毕竟，在实现人脑与人工智能的融合之后，任何外语都能即时翻译。艺术也是同理，只要开发出相应的软件，人人都能成为艺术家。因此，通过游戏激发乐趣、保持激情才是教学的关键。

于是，大学不再是成长的必经之路，课后作业也完全没有必要。按照马斯克的说法，就算孩子将来进入大学，那也不是出于学习的需要，而是为了和同辈交流。可以说，马斯克独特的教育理念充分说明他对现行的教育方式心存疑虑。

马斯克自己便是最好的证明。在斯坦福大学研究生院只待了两天便辍学，少年时代流连图书馆以及沉迷于科幻小说，亲自编写的游戏卖出500美元……这些经历促使他坚信"学历毫无用处"。马斯克一贯认为，如果自己不感兴趣也打不起精神，结果就什么也学不到。

此外，马斯克宣称：学校的教科书毫无新意，倒是网上惊鸿一瞥的内容或许才是继往开来的最佳教材。因此，在特斯拉、SpaceX和Neuralink，学历从来不是招聘的硬性要求。

Ad Astra的校址位于加利福尼亚州的高档住宅区。据传，该地段已被马斯克于2020年卖出。既然坚信当前的主流教育制度无法实现创新，马斯克自然握有另起炉灶的选择，创办面向未来的学校也并非不可能。

▊ 是否为消费者着想

继家庭和教育之后，我们不妨再对马斯克的事业畅想一番。

特斯拉每年 2 000 万辆的销售目标早已发布，但是，2020 年的实际销量只有 50 万辆。而且，其中的 10 万辆还得归功于中国市场。

若要达成目标，特斯拉就得把 50 万辆的销量提高 40 倍，实在是任重而道远。不过，马斯克最擅长抛出惊人之语，以热议的话题推动事业的发展。这是他的独门绝学，非其他创业者可以效仿。

第 1 章曾有提及，特斯拉赛博皮卡于 2019 年问世。基于出色的防弹设计，"即便面对重大灾害或者恐怖袭击等危险，只要坐在车中就可确保安全"。据马斯克介绍，该车从启动到时速97公里只需6.5秒。而且，最高车速快过保时捷911车型，动力也优于福特的招牌F-150。如此性能出众的大型车辆确实前所未见，难怪马斯克自鸣得意。

此外，他还宣布，特斯拉两大电动汽车——Model S和Model X专门做了抵御生化袭击的设计。车上装有高效粒子空气过滤器，可以把99.97%的有害物质隔离在外。

基于马斯克滔滔不绝的介绍，与如今最优秀的车载过滤器相比，高效粒子空气过滤器的性能还要超出100倍，连空气中飘浮的0.3微米粒子都能拦下。今后，汽车就是用户的"第二住宅"。为了确保"移动住宅"的健康和安全，性能卓越的过滤器不可或缺，而高效粒子空气过滤器甚至可以把新冠病毒隔离在外。

　　如此精彩的宣讲自然被媒体传得沸沸扬扬，然而，究竟有多少辆电动汽车装有这样的过滤器，马斯克并没有明确说明。我认为，如果真能研发出这么出色的过滤器，那不应该仅用于电动汽车，基于抵御新冠肺炎疫情的需要，住宅、办公场所、医院等地也值得大力推广。我觉得，马斯克强调这点终究还是为了卖车。至于消费者实际是否需要，这完全不在他的考虑范围之内。

　　在此之前，我已经多次提及马斯克的"执念"。在他看来，只要投入全部的精力和资金并推出自己觉得"完美"的产品即可，如果别人不买那才是怪事。虽然人气颇高的他确实不乏粉丝买账，但这依然掩盖不了马斯克对消费者漠不关心的事实。而且，对于他的这个观点，我也要打上大大的问号。

▉ 飞向火星的远征

接下来，SpaceX的前景又如何呢？

SpaceX的目标是到2024年实现飞向火星的载人航行，最迟不晚于2026年。作为登陆火星的预演，SpaceX集资超22亿美元，计划于2023年完成载人绕月旅行。正如前文所述，前泽友作就是绕月飞船的乘客之一。

不过，与特斯拉或Neuralink的记者发布会相比，马斯克低调许多。尽管依旧宣称"飞过月球、奔向火星的时代已经到来"，但他在Clubhouse的讨论中直言不讳："虽然我们一直准备着定居火星，但是火星的生活也许并没有想象得那么美好。"

或许，马斯克本人也开始意识到，远征火星的载人飞行并非易事。除去高昂的费用，技术层面的高风险同样不容忽视。

不过，无惧失败、挑战风险本就是马斯克的人生写照。谨小慎微地投石问路，凡事求稳而不敢承担风险，这绝非他的风格。对马斯克来说，人生百年，业已过半。接下来的时光，他能否言出必行，世人无不拭目以待。

有趣的是，马斯克的五个儿子比他务实。面对镜头，他们众口一词："父亲设想的火星定居计划我们可不想尝试。"

目前看来，未来最值得期待的还是通信卫星，而不是航天飞船。

联合国于2015年发布"2030年议程"，为全球的可持续发展指明方向。作为其中的先进技术，5G和6G受到热捧。马斯克自然不会错过这样的商机，频频试射具备该通信功能的卫星便是明证。

拜登政府对发射通信卫星也格外热衷，力图实现全球联网的飞跃性突破。据说，美国政府已向SpaceX追加12 000颗卫星的订单。对于资金告急的马斯克来说，这无异于及时雨。

▨ 马斯克的对手

马斯克的对手们自然也不会对身联网的浪潮视而不见。

脸书总裁兼首席执行官马克·扎克伯格始终对"心灵感应"的联网念念不忘，具体表现为深化人与电脑的研究，以及开发可以凭意念打字的无檐帽。用户戴上这个帽子，每秒就可以输出100个单词。

这项成果对具有视力或听力障碍的患者无疑是福音，当然，马斯克领导的Neuralink也不遑多让。作为公司的基石，脑机接口技术有助于实现人脑与人工智能的融合，把人转化为"有机电脑"（具备自我意识，可与他人互动）。

美国马里兰大学的威廉·本特利（William Bentley）教授及其团队把生物细胞与电脑融为一体，专门研究电脑对生物细胞的影响。换言之，在人体细胞的周围添加电子，从而使得细胞产生电流或者发送通信电波。在不久的将来，人体或许可以直接发电。

此外，麻省理工学院研发的人机接口"第二自我"（AlterEgo，拉丁语）已经获得认证。戴上这个类似耳机的装置后，人们无须开口便可与电脑对话并且完成操作。具体表现为，通过下巴及面部肌肉的运动，电脑可以接受来自神经细胞的信号并完成相应动作。这是可穿戴设备的革命性突破，具有划时代的意义，在"机器学习"领域也会大有用武之地。

若论此类新型研究的先驱，谷歌工程部负责人、

全球知名未来学家雷·库兹韦尔博士当仁不让。除了
"追求永生"的宣言之外，他还领导了一些极具前瞻
性的项目，比如复活去世的父亲等。毫不夸张地说，
他的奇思妙想或许可以极大地改变人类的历史。

　　雷·库兹韦尔博士曾经预测："到2029年，电脑
将会全面超越人脑。"这比他的另一则预言——"奇
点"①到来的2045年还要提早16年，"奇点"的到来
是人工智能引领世界的分水岭。且不说他对"奇点"
的预估是否准确，毋庸置疑，世界正朝着这个方向飞
速发展，而且势不可当。更有甚者，虽然人们因为新
冠肺炎疫情而减少接触是出于无奈，但这也在无形之
中为这个过程加速。

　　截至2021年3月，孙正义引领的软银集团实现

---

①　　"奇点"在数学、物理和生物学中都有涉及，此处侧重于新事
　　物的诞生。通过分析整个历史的奇异点，人们发现"奇点"的
　　间隔越来越短，说明科技的发展速度呈指数型的增长趋势。有
　　识之士据此积极预测下一个"奇点"到来的年份，雷·库兹韦
　　尔博士提出的2045年最为大众所接受。

2020财年净利润49 879亿日元的壮举，刷新日本的历史最高纪录。值得一提的是，孙正义也认同"奇点"在2045年到来的观点，并且断言："人脑可与网络云连接，从而实现个人能力的飞跃。"基于脑机接口技术，人机对话可以凭意念完成。可以说，脸书和Neuralink积极拓展此类新型业务正是摸准了时代的脉搏。

脑机接口路在何方

在身联网发展的第三阶段，Neuralink的脑机接口技术先声夺人。它究竟已经进化到怎样的水平，会给世界带来多大的改变呢？既然猴子佩吉可以凭借脑电波玩游戏，那么人是否也可以做到？

马斯克的目标是打造可与人工智能抗衡的"赛博格人"，对此，我们不妨展开联想。

例如，你出门在外，晚饭想吃蛋包饭。此时，你不必拿出手机试图在网上下单，只需在心中默念："希望××点之前把蛋包饭送到××地址。"然后，到家的时候，热气腾腾的蛋包饭也被准时送到。

小到酒店预订，大到政府谈判，交流全凭意念进行，不再依赖通信设备。即便不能面谈，双方依然可以自由沟通，甚至不用开口。

若能推广脑机接口技术，空间距离将不再是束缚。只要脑中想起，对方便能立刻感知并迅速获得大量的信息。于是，书信、电话、邮件、聊天工具等也再没有存在的必要。

尽管马斯克把定居其他星球视为终极目标，但是这趟旅程需要乘坐火箭，而且耗时数月之久。如有可能，人们只需完成意识的移动，而身体仍然留在地球。换言之，仅在精神层面登陆火星也未尝不可。

不过，既然用户可以从外部控制大脑，那么其中暗藏的风险同样不容忽视。黑客可能会拦截脑机接口的数据传输，绑架用户的大脑，继而发号施令。

另一方面，Neuralink力推安装脑机接口的"赛博格化"，强调它对治疗神经类疾病的奇效。对年长之人来说，这无异于福音。日本已是老龄化社会，截至2022年，几个大国的领导人也都年事已高，比如拜登80岁、普京70岁。基于提升大脑活力的需要，人们对脑机接口格外关注也在情理之中。

按照马斯克的说法，人类已经走上了"赛博格化"的道路。人类通过手机获取信息，继而做出自己的判断和行动，这就是"赛博格化"的开端。马斯克认为："因此，我们必须做出选择，今后是逐渐演变成机器人还是保留自身的人性。如果想成为机器人，Neuralink乐意助你一臂之力。如果想要继续做人，那就承受环境污染带来的各种疾病吧。反正，选择权在于你自己。"

▓ 身联网市场飞速扩张

"人类进化的下一阶段是赛博格化"，这样的论调由来已久。到21世纪30年代，人们也许会对在体内安装设备习以为常。或许，就在不久的将来，铁臂阿童木就不再只是动漫的虚构。

究其原因，技术研究的突破让人看到希望。一方面，科学家给主管思考的大脑打造新的表层，尝试将大脑与网络云连接。这个新的人造表层一旦实现，人脑对世界的感知就会急速扩张。

另一方面，借助脑机接口等内嵌设备实现人体发电的研究也已取得长足的进步。

约翰斯·霍普金斯大学邵立荣（音译，Shao Lirong）教授领导的实验团队发表声明，宣布可以吸收体热、稳定发电的指环已经研发成功，Fitbit公司等可穿戴设备以及Apple Watch的供电正是归功于这项技术。

从此，人们不再需要电池。以往的电池以稀土等腐蚀性材料为原料，难免对人体有害，若能换成以肌肉或皮肤发电，则更有利于心律调节器等仪器的稳定运行。

可穿戴设备的全球市场规模，预计到2025年将扩大到700亿美元。单以智能手表而论，2018年的市场规模为130亿美元，2021年的市场规模为180亿美元，增幅达32%。再看身联网行业，2019年的市场规模为2 500亿美元，预计2027年的市场规模可以达到14 630亿美元，可谓狂飙突进。

换言之，伴随着身联网行业的迅猛发展，"人的赛博格化"也是历史的必然。问题在于，我们可以在多大程度上享受到技术革新的福利。尽管没有人可以掌控未来，但对于有血有肉的我们来说，是否在身体和精神两个方面都做好接纳这些新型设备的准备，是否赶得上2045年这个预言的"期限"？

■ 数据过剩的时代与人

《克拉拉与太阳》（*Klara and the Sun*）是诺贝尔文学奖获得者石黑一雄的代表作，主角克拉拉（Klara）是一个人形女机器人。按照设定的程序，克拉拉是一名"人工好友"（Artifical Friend，简称AF），会竭尽所能帮助自己喜欢的朋友。因此，虽然是机器人，克拉拉却拥有"情感"。

在书中，14岁的乔西（Josie）在店中与克拉拉邂逅，对她情有独钟："这是生平第一次怦然心动。"克拉拉与乔西的经历充分勾勒出人与机器人围绕友情、亲情的酸甜苦辣，对于人工智能盛行的当今社会来说，这样的故事并不遥远，读者自然看得津津有味。

通常，人们习惯从自身的角度出发，思考"对机器人该如何使用"，或者"怎样利用机器人的能力"。如果走向极端，人们就会抱有戒心，比如马斯克一般认为"人工智能或将统治人类"。

尽管克拉拉与马斯克主导的脑机接口技术并不相同，但我不禁思考："赛博格化"的人类是否可以和克拉拉一样具有丰富的情感？我坚信，即使人脑与人工智能融为一体，人性也不会就此泯灭。

在为"人的赛博格化"而大声疾呼的时候，马斯克打出的大旗是"与统治人类的人工智能抗争"。他极力渲染危机意识，从而凸显自身行为的正义。

对于人类的未来以及和人工智能的共存，马斯克大胆设想，积极预测各种可能。如何应对日新月异的世界、实现心中所想，这也是他研究产品和服务的立足点。

无论怎样，数据排山倒海般涌入，远超人脑所能承受的范围。因此，数据处理及使用的领域也比以往扩大许多。面对数据过剩的时代，诚如马斯克所说，如果不把人脑和具备高效数据处理能力的电脑融为一体，人类就会毫无招架之力。正是因为敏锐地捕捉到历史的走向，马斯克创办Neuralink，提供新技术和新服务，由此成为时代的宠儿。

面临全新的时代巨浪，我们应该如何应对？这也是时代对我们的拷问：究竟是积极探索，力争屹立潮头，还是逆流而行，与数据和信息划清界限，宛如退回到原始社会一般？

关于人工智能全面超越人类的"奇点"，世人莫衷一是。倘若真是2045年，距2022年还有23年。不过，就算那一天真的到来，世界的主宰仍应是富有情感的人类。

也正是归功于人类，那样的时代才能到来，并且极富活力。